STORY 01 ////// GRAY RAVEN:interlude

红莲

战双帕弥什间章

GRAY RAVEN

VOL.1

战双帕弥什项目制作组 著

電子工業出版社
Publishing House of Electronics Industry
北京 · BEIJING

图书在版编目（CIP）数据

战双帕弥什. 间章. VOL.1. 红莲 / 战双帕弥什项目制作组著. -- 北京 : 电子工业出版社, 2025. 3.
ISBN 978-7-121-48810-8

Ⅰ. G898.3-64

中国国家版本馆CIP数据核字第2024NW4032号

责任编辑：孔祥飞
印　　刷：天津裕同印刷有限公司
装　　订：天津裕同印刷有限公司
出版发行：电子工业出版社
　　　　　北京市海淀区万寿路173信箱　　邮编：100036
开　　本：880×1230　1/32　印张：10.5　　字数：134.4千字
版　　次：2025 年 3 月第 1 版
印　　次：2025 年 3 月第 1 次印刷
定　　价：128.00 元（全3册）

凡所购买电子工业出版社图书有缺损问题，请向购买书店调换。若书店售缺，请与本社发行部联系，联系及邮购电话：（010）88254888，88258888。
质量投诉请发邮件至 zlts@phei.com.cn，盗版侵权举报请发邮件至dbqq@phei.com.cn。
本书咨询联系方式：（010）88254161～88254167转1897。

STAFF

[主 笔] 风间
[脚 本] 川口
[色 彩] 画画的K
[场 景] 月亮脸
[监 制] 暗夜XIII

[原 作] 库洛游戏

STORY 01
GRAY RAVEN:interlude

哈
哈
哈
哈
太好了！今天终于不用再挨饿了……
风雪已经越来越大了……
战双:帕弥什 间章
GRAY RAVEN
第一话：酸
VOL.1
不然的话……
我必须得赶紧回去。

露娜她一定会担心的……

BERL

露娜，露娜！
姐姐……今天的收获……
还不错哦！
找到了这个！
哎……这是……
肉……
肉罐头！
！
太棒了！
姐姐从哪里找到的？
激动

保密！
欸，怎么这样……
来，小心点……
别被划到了。
！
姐姐的手都是伤……
那个……
姐姐你先吃吧。
哎？
给我留一点就成了……
露娜……

谢谢你啦，露娜！
其实姐姐呀，在回来的路上就吃了一罐。
所以我的那份被吃掉了。
你就放心地吃吧……
姐姐……那好吧……
嘬一

呀!
好酸!!
哎?!
不会吧?
我尝尝……
扑哧!
?

哎？
嘻嘻，姐姐上当了……
露娜……

姐姐……
嗯？
我什么时候能和你一起出去呢？
……
你不可以出去……
外面……太危险了。
可是，姐姐一直保护我，我也想帮上姐姐的忙……
露娜……

你好好看着吃的就是在帮姐姐了。
爸爸妈妈说过，我要照顾好妹妹。
并且不让你受到伤害，所以危险的事情……
我去做就好了。
抓紧
姐姐……

（说话的声音）
安静……
唔
咦？有声音……

呼……看来这次我们来对地方了。
虽然这城市的滤塔功率下降很多，但至少还可以维持几个月……
要不是你们带着一大批孩子，军队是绝不可能护送你们转移的。
这点，你要记住了。
知道了，知道了，就因为知道，才带着他们呀。
……
怎么了？
在战火中保护他们的、给他们吃喝的……
都是我们这些被你们疏远的神职人员。
关键时刻当然得利用一切能利用的资源，比如——

你们这些「当兵的」。
呵……
没想到你会就这么说出来。
算了……
总之这教堂下面的避难所是你们的了。但补给——
阿嚏！
谁?!

什……什么，什么声音？
是感染体吗？
谁在那里？
快给我出来！
不然的话，
我就——

战双帕弥什 间章
GRAY RAVEN
第二话：食物
VOL.1
小孩？
……

切！只是两个小丫头……
干嘛大惊小怪的……
……
走走走，快走！
这里已经被我们给……
不爽
喂！
啧……
嫌弃
又多了两张要饭的嘴……

从今天开始跟着我们吧。
行吧你们俩！
不过想吃饭的话，得努力干活才行。
明白了吗？
明白的话就跟上！
是！

哇
露西亚好厉害！
呼
呼
呼
哇！她的力气好大呀……
而且她的速度真快！
她比男生干得都多！
噗
嚯呀，还真是捡到个宝啊！
照这个进度，暴风雪来临前应该就能完工。
呼——

擦汗
休息一下吧……
喂！露西亚。
你也太拼了吧……
……
不过你这样也太累了，要不考虑和我合作？
我有办法让我们有足够的食物，又不用干活呦。

诶，诶？给点反应啊！
露西亚，你有没有听到……
不用了。
呃……
愣住
你……
刹！

「想要得到就要付出。」
这是爸爸妈妈教给我的，你去找别人吧。
……
……
切！
傻子……

给，露娜。
哇，好多吃的！
姐姐……我们现在，
终于安全了，是吗？
嗯，没错！
只要我努力工作，
我们就不用冒险了。
放心吧，露娜。
嗯嗯！
姐姐最厉害了！
但……

但是，
抱紧
姐姐，你每天回来得越来越晚了……
我怕，姐姐……
……
露娜。

等过了这段时间我会好好陪你的……
好吗？
嗯……

三十一……
靠近
二十……
六……
一……
露娜，你姐姐好厉害啊！
我哥哥说她一个人就能干三个人的活！
哇，你们还有这么多啊！
啪
盖住
嘿嘿……
她真是个好人呢！
而且平时也很照顾我们。

那个……请问……
你能不能分我们一点吃的啊？
哎？吃的……
最近太冷了，我哥哥都病得干不动活了……
要是没有吃的，我们就……就……死定了……
可……
可是……

就算，就算是我们借你的！
等我有力气了我就去干活！
就可以拿更多吃的还你了！
好不好？
如果你借给我们了，等你们以后有困难的话……
我们一定会帮忙的！求求你了，露娜！
那……好，好吧……

太谢谢你了，露娜！
你和你姐姐真是好人！

露娜，我回来了！
给你看个好东西……
姐姐回来啦！
是什么东西呀？
哎？
难道是……

嘿嘿，没错！是我今天在外面捡到的玩偶……
觉得你可能喜欢，就给你带回来了。
噗，好丑哦！
哎?!
很……很丑吗？
那……
嘿！
哎？

但是我很喜欢哦！这是姐姐送我的第一个玩偶。太棒了！
要是以后姐姐回来得太晚，我就可以抱着它睡觉了！
露娜……
你喜欢就好……
摸摸~
但我最喜欢的还是姐姐哦……

哎?!
为什么食物只剩下这么点……
露娜，你偷吃了？
我没有……只是，只是……
这几天都，借给别人了……
借给别人了？
借给别人……那么多，你都……
是，是啊……
姐姐，怎么了？

抓住
我们走！
哎?!
姐，姐姐?!
露娜……
那些人是算好了的！
再过几天……

暴风雪就要来了!!

暴风雪……

等暴风雪来了，我们就拿不到吃的了！
剩下的这些根本就不够……
可是，可是他们说会还给我们的啊！
还说，还说我们遇到困难的话会帮我们……
哒 哒 哒
露娜……
交给我吧。

这段时间谁找露娜借了吃的？
给我站出来！
静——
……

是你……是你们对吧！
呃，露，露西亚……
把食物还给我们！
嘿，嘿……露西亚你，你先别激动。
我们已经吃完了……
剩下的也只够我们自己了……
我不管！
谁让你们不努力工作！

啊——够了！你想把我们怎么样都行！
反正我是不会还给你们的！
你……
我只想让我和弟弟能够活下去！我做错什么了?!
有本事你也去抢别人的啊！
……
求……

求求你了……

求……
求求你了……
姐姐……
露西亚……

求求你了！
求求你们了!!
……

好了！
都别围着了！
是嫌活儿还不够多吗？
都给我回去睡觉！
……
散去

要怪，就怪自己——
太天真了。
哼！
姐姐……
走入
握紧

掏
……

露娜……
我们已经……没有选择了。
姐姐，对不起……
别说了，露娜……
呼
呼
呼
跟紧我……
可是姐姐……
我们……

该去哪里寻找食物呢？

露娜……我们一定会找到的……
叽——

露娜快看！
前面！
有商店诶！
希望里面还有罐头……
一定有的！
修女他们还没来过……
靠近
这里……
咔
咔
咔

露娜小心！
推开

轰
姐……
姐姐——
姐……

姐姐！露娜马上来救你……

露娜别过来……
唔……
力……力气好大！
这样下去我会失去意识……
姐姐！坚持住！
不行！露娜！
不可以过来！
放开姐姐！你这个坏蛋！
露娜……
抽出
我绝不能让你……

陷入危险!!
给我——
放手啊！
咔咔咔
成功了！
松开
趁现在——

赶到露娜身边！！
叽——
姐姐！你受伤了！
放心吧，我不要紧。
但是……
刚刚真的好危险……
没办法了……
露娜！快躲到店里去！
哎，哎!?
可，可是……
只有姐姐一个人……
快呀！
是！

轰
它难道会闪现吗?!
吱——
可恶……
刹
绝对——
不能大意!
流血

叽叽叽——
姐姐……
叽——叽叽——
要……要去帮姐姐才行……
叽叽——
有没有什么东西可以……
哎？
这，这个是……
枪？

刹——
轰
必须想办法脱身才行……
叽?
叽叽!
呼
呼
呼
姐姐!
露娜?
我不是叫你……

姐姐！
快……快趴下！
摇晃
扣

嘣!
?!
露娜!
哇!
枪?!

唰
叽?!
既然如此……
抓
铛
抵住
这样！

就不会打偏了吧——

吱？

震飞
呜哇！
撞
咳咳！
吐血
姐姐！
露娜……
姐姐，姐姐，你伤得好重！
我，我去给你找药……

没事了，露娜……
已经没事了……
全部都结束了……
姐姐，小心点，我们先回去吧……
没事的，露娜……
今天必须要找到食物才行……不然的话……
啪
嗒

姐姐！
这次我们一起——
露娜……快……
快躲到房子里面去……
啪

没事的……
姐姐还在呢。

姐姐!!

战双帕弥什 间章
GRAY RAVEN
第四话：日常的终点 VOL.1
报告长官！
刚刚收到侦察兵的消息……
前面不远处发现两名女童。

女童？
是的，但都处于昏迷状态……
并且现场还有三具感染体残骸。
……
准备出发！
是！

她们的情况如何？
白发的这个还好，只是有点营养不良，
但黑发的那个就……
这样么……

……
把她们带回基地治疗吧。
是！
咔嚓

露娜。
那群人很可疑，我们还不能放松警惕……
擦头
嗯，明白，不过姐姐没事，真是太好了……
嘀嘀嘀
！
打开

感觉怎么样？
洗澡……很舒服……谢谢您……
哈哈哈，舒服就好！
好，好可爱！
露西亚也是这么觉得的吧？
……
你们，想要我们做什么？
根据我们对你们的测试。

你们的身体对【钽—193】共聚物相性非常良好。
钽……
钽，钽……

咳咳……总之——
这意味着你们有机会成为……
人类对抗帕弥什病毒的最后希望——构造体！

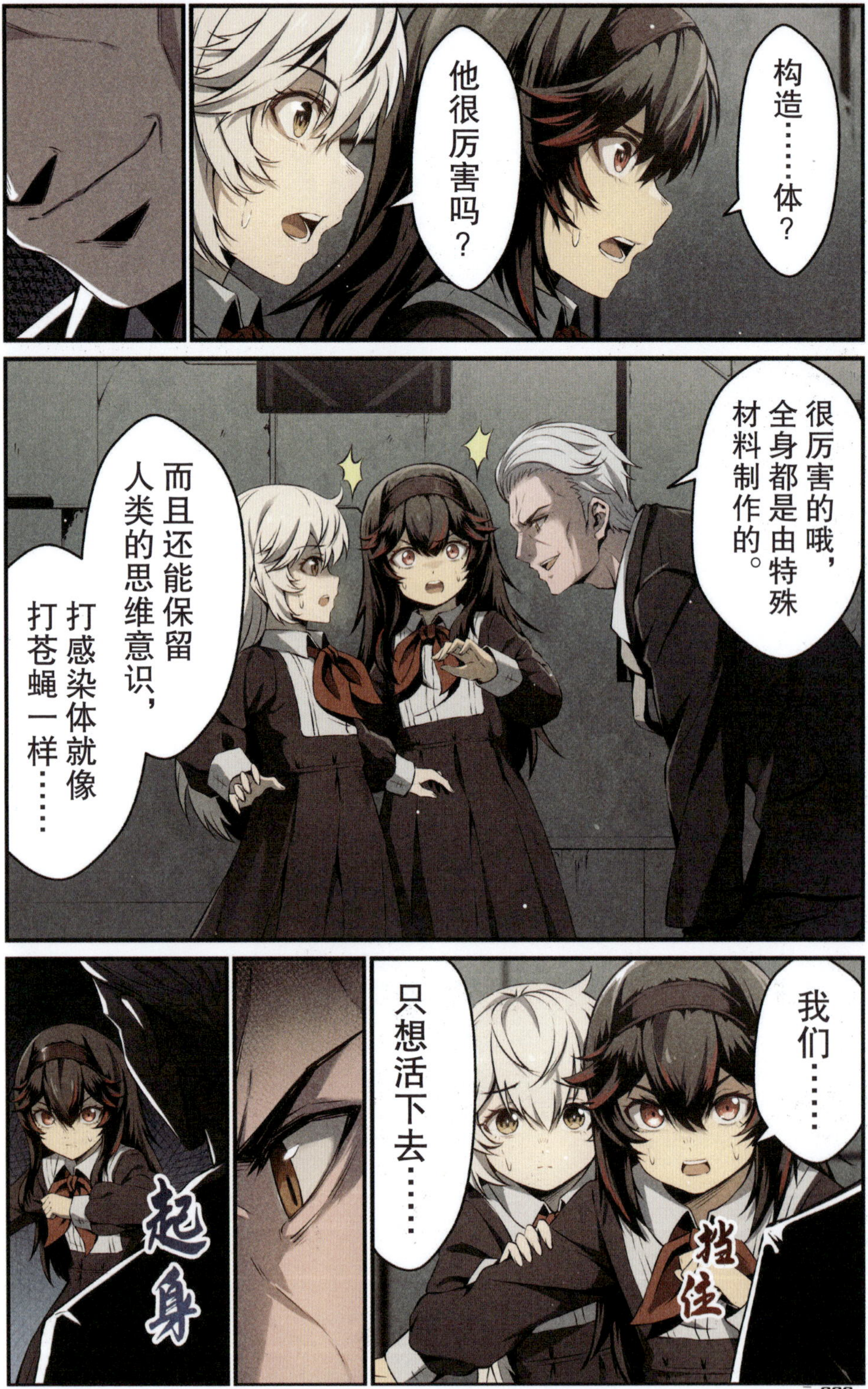
构造……体？
他很厉害吗？
很厉害的哦，全身都是由特殊材料制作的。
而且还能保留人类的思维意识，打感染体就像打苍蝇一样……
我们……
只想活下去……
揪住
起身

活下去？
像这样也能叫活着吗？
唰
只有完全消灭帕弥什病毒，人们才能「真正地活着」。
而我们已经做到了一部分，这个世界上已经有了一个……
完全没被帕弥什病毒侵蚀的地方——
完全没有，帕弥什……
对，那个地方就叫作——

空中花园。

你们……
从哪儿弄回来
这么多吃的……
……
吓
吓
吓
护住
哼，没人
和你们抢。
这次你们
可得看好咯。
离开

激动……
期待……
露娜，发食物吧。
嗯！姐姐。
好耶——露西亚万岁！露娜万岁！
大家别着急，每人都有份。
你们姐妹俩真是天使！
说得没错！
太谢谢你们了！
慢慢来，下一个……
……

你们的，已经领过了。
哎？
下一个。
露西亚你，你什么意思?!
凭，凭什么不给我们！这不公平……
不公平？
既然你们这么有本事，那就——

来抢啊。
……
哼！我们走！
哎？哥哥等等我……
呃……

等我成为构造体，他们就会带你到空中花园去。
到时候露娜你就能过上好的生活了。
唰——
姐姐……那个……
嗯？怎么了露娜？
还有什么疑问就说吧……
整理

姐姐为什么不让露娜和你……
一起变成构造体呢？
……
那个人说，技术还不成熟，
可能有些……风险……
整理
什么？什么风险？
没，没什么，我都习惯打感染体了。
露娜你连武器都还不会用呢……
唔……姐姐好过分！
我明明也是可以的！

看招！
蛙蛙头槌！！
露娜！
床单还没整理……

嘻嘻，姐姐大意了！
想阻止露娜的话，就来吧!!
露娜……
这样也好……
嚯！小家伙，看来已经做好觉悟了吧？
看我怎么收拾你……
接招！蛙蛙突刺攻击！
太天真了！看我的枕头反击！

露娜……
露娜？
已经睡着了呀……
唔，姐姐……
洗热水澡……
好舒服……

露娜……
我一定会保护你的。

睁眼
露娜……
露娜？
露……
阿呆蛙?!
难道说……

露娜!!

露……
阿呆蛙?!
战双帕弥什 间章
GRAY RAVEN
第五话：姊妹 VOL.1
露娜!!

为什么?!
为什么会
变成这样……
都怪我！
我太大意了……
拜托了露娜！
千万——
千万不要
出事啊！

露娜！
哈
哈
哈
你们有没有看见露娜?!
她啊，一大早就跟着穿黑衣服的叔叔……
出去了……

什，什么！
他们出去了？
他们往哪边走的?!
你倒是快说呀!!
甩力
他们……往……往那边去了……
呼
呼
呼
!

露娜!!
一定要等着我!

踏

姐姐？
怎么了，露娜？
没……没什么……
看来……
我还是舍不得姐姐……

姐姐为了保护我……
你好好看着吃的就是在帮姐姐了。
爸爸妈妈说过，我要照顾好妹妹。
没事的……
露娜小心!!
姐姐还在呢。
吃了那么多苦，受了那么多伤……

不过现在没事了，
露娜……
就让阿呆蛙替我陪着姐姐吧……
要保护好露娜……
虽然不想和姐姐分开……
但——

是时候轮到露娜……
来保护你了……
姐姐……

露娜!!

诶？
这里是？
露西亚！你疯了吗?!
你知不知道有多危险？
要不是我们在半路发现了你……
你现在就已经死了！

抱……抱歉……
露……露娜……露娜在哪里？
呃……
这个……她……
还是由我来说明吧。
你的妹妹……

改造失败了。
失……失败……怎么会？
那她还活着对吧！我还能见到她对吗？
告诉我！还是能见到露娜的……对吧?!

她已经，被废弃处理了。

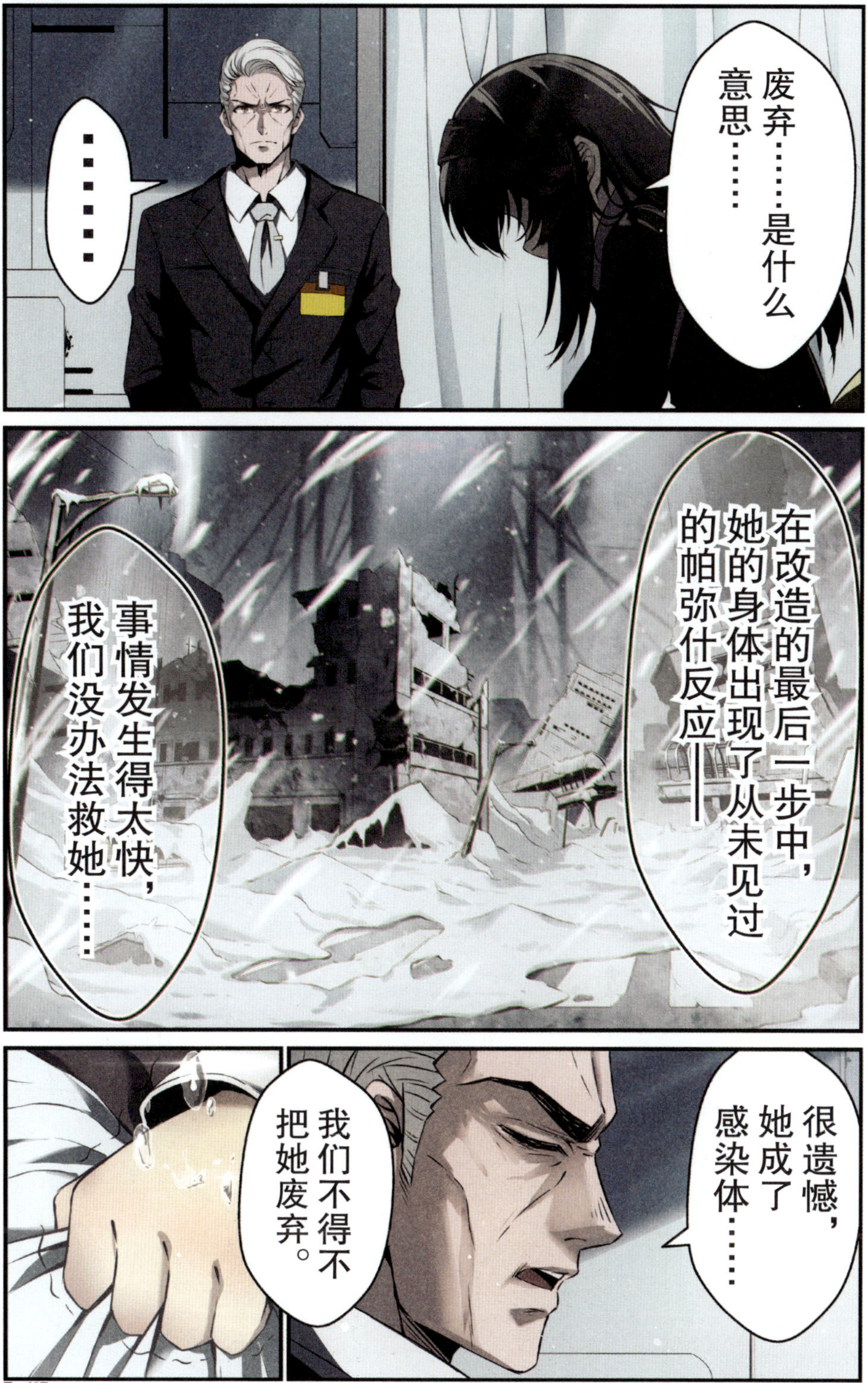
废弃……是什么意思……
……
在改造的最后一步中，她的身体出现了从未见过的帕弥什反应——
事情发生得太快，我们没办法救她……
很遗憾，她成了感染体……
我们不得不把她废弃。

你们……
是你们!!
啪
哎?!
露西亚！你要去哪里？
……

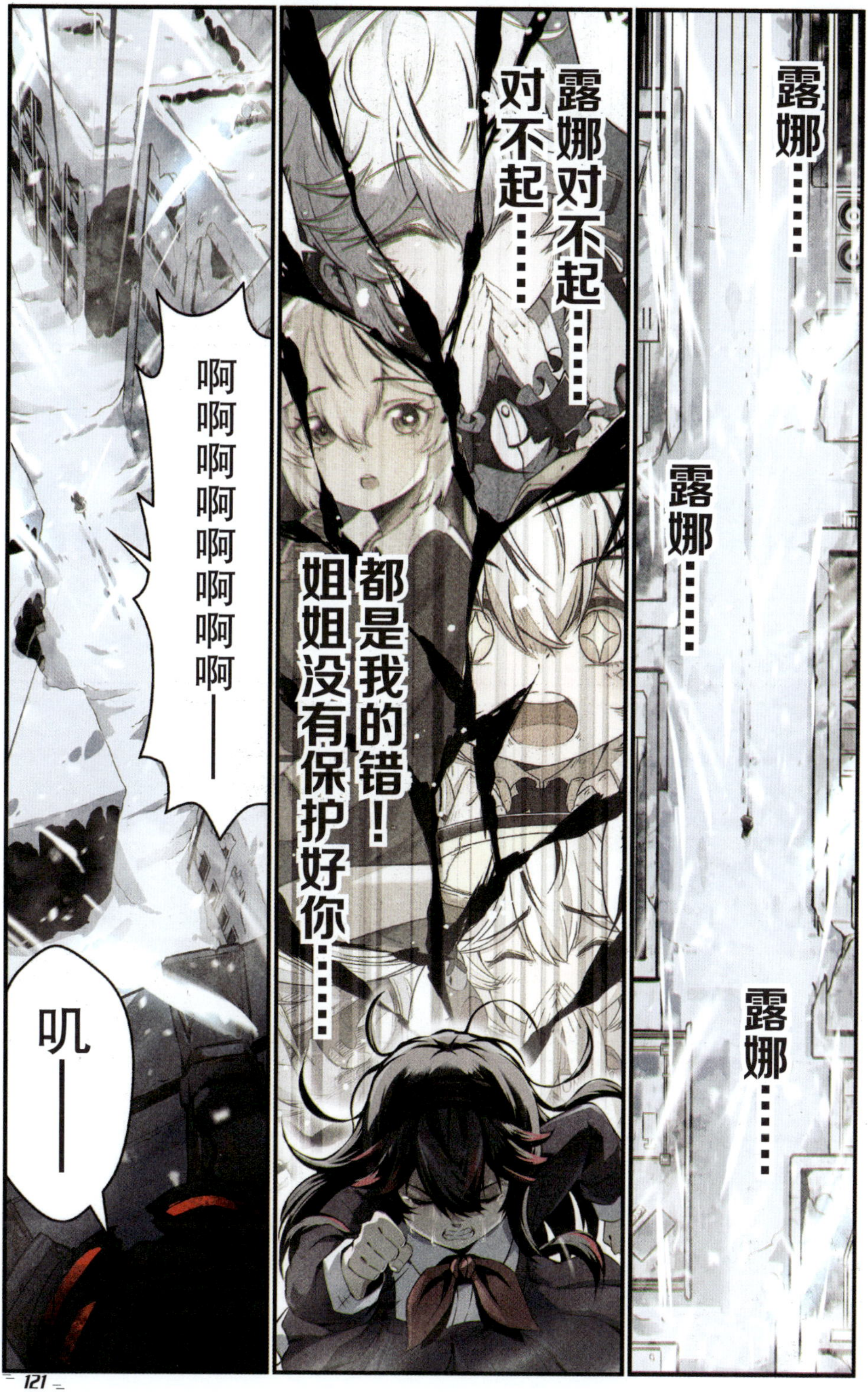
露娜……
露娜……
露娜……
露娜对不起……
对不起……
都是我的错！
姐姐没有保护好你……
啊啊啊啊啊啊啊啊——
叽——

露娜……
露娜已经不在了……
那我一个人活着还有什么意义……
既然这样，已经……无所谓了……
空中花园，温暖食物，热水澡……

什么都……无所谓了……

唰
锵
叽？
击飞

轰
现在放弃还太早了！
你想让露娜白白牺牲吗？
露西亚，你有没有想过，
这一切的「源头」到底是什么？

……
人们为了点食物互相勾心斗角。
甚至连睡觉都要提心吊胆……
家破人亡，妻离子散……
苟且偷生，背井离乡……
这一切——

难道不是因为帕弥什病毒吗?!
叽——
露西亚！
你必须活下去！

无论你要用这把刀对准谁，都可以。
但，不要辜负露娜的牺牲。

战斗吧！露西亚！
带着露娜的意志，一起战斗下去!!
露娜……

啪
握紧
露娜……
我最喜欢姐姐了……

啊啊啊啊啊！
拔出

挣扎
露娜……
叽——
叽——
露娜……
叽——

露娜——!

第一个玩偶太棒了！
露娜！
我会好好陪你的。
我怕姐姐
露娜！
呃啊啊啊啊！
露娜！
我一定会保护你！
露娜！

只要姐姐陪在露娜身边，
露娜就很幸福……
所以……
我们要永远永远永远——
在一起哦。

露娜啊啊啊啊啊——!!!

意识海波形
稳定——
Operating Room
生命特征
稳定——
开始进行
测试……

Operating
LUCIA
76%
帕弥什病毒测试，通过——
钽——193 共聚物适应性良好……
无继发不良反应，通过——
准备切断外体循环，
逆元装置开始介入。
装置介入成功!!

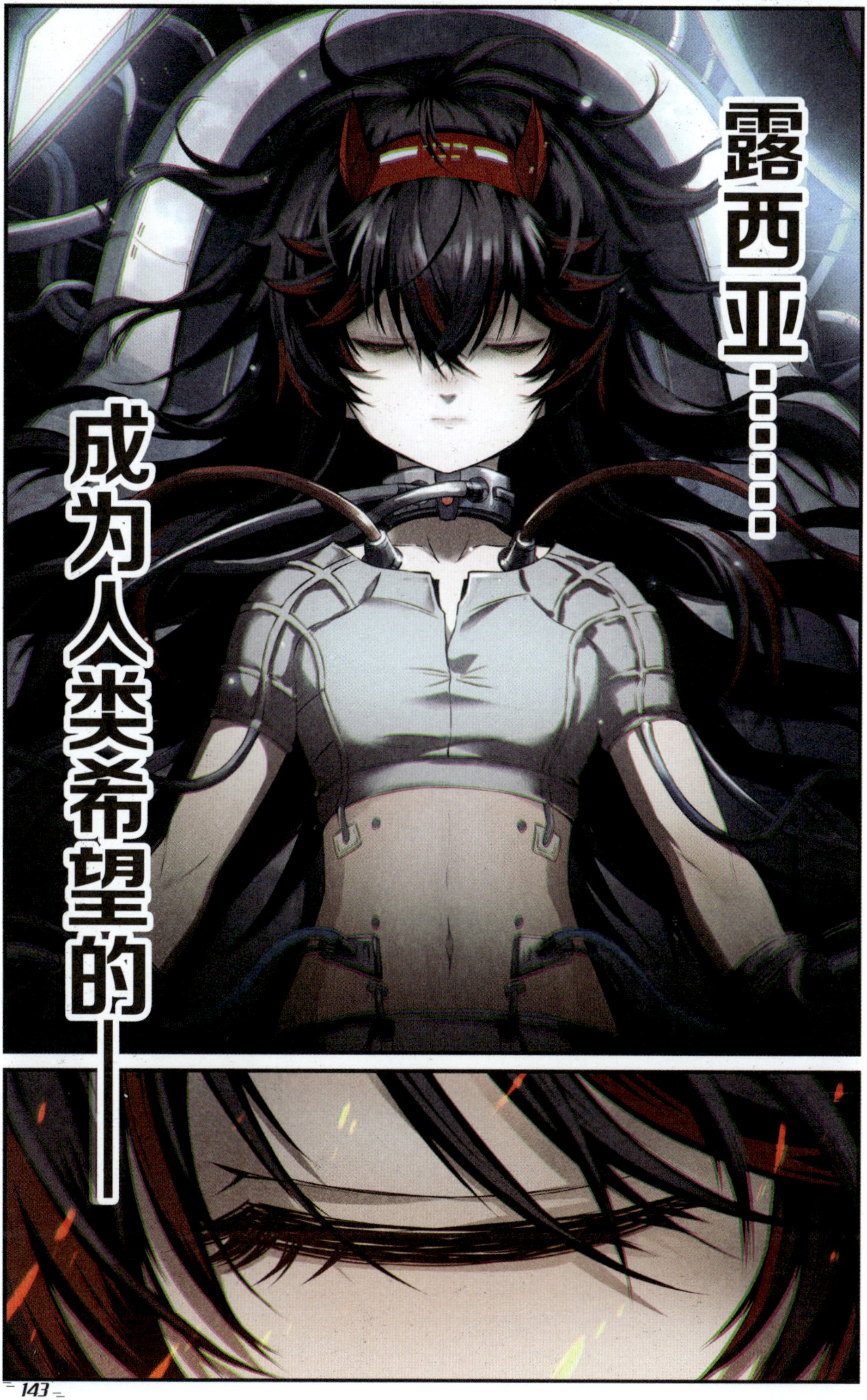
露西亚……
成为人类希望的——

「星火吧」——

STORY 03
GRAY RAVEN:interlude
异火
战双:帕弥什
间章
GRAY RAVEN
VOL.1
战双帕弥什项目制作组 著
電子工業出版社
Publishing House of Electronics Industry
北京·BEIJING

图书在版编目（CIP）数据

战双帕弥什. 间章. VOL.1. 异火 / 战双帕弥什项目
制作组著. -- 北京 : 电子工业出版社, 2025. 3.
ISBN 978-7-121-48810-8
Ⅰ. G898.3-64
中国国家版本馆CIP数据核字第2024R13N98号

责任编辑：孔祥飞
印　　刷：天津裕同印刷有限公司
装　　订：天津裕同印刷有限公司
出版发行：电子工业出版社
　　　　　北京市海淀区万寿路173信箱　邮编：100036
开　　本：880×1230　1/32　印张：10.5　字数：134.4千字
版　　次：2025 年 3 月第 1 版
印　　次：2025 年 3 月第 1 次印刷
定　　价：128.00 元（全3册）

凡所购买电子工业出版社图书有缺损问题，请向购买书店调换。若书店售缺，请与本社发行部联系，
联系及邮购电话：（010）88254888，88258888。
质量投诉请发邮件至 zlts@phei.com.cn，盗版侵权举报请发邮件至dbqq@phei.com.cn。
本书咨询联系方式：（010）88254161～88254167转1897。

STAFF

[主 笔] 风间

[脚 本] 王不艺

[色 彩] 画画的K

[场 景] 月亮脸，梧桐

[监 制] 暗夜XIII

[原 作] 库洛游戏

战双:帕弥什 间章
GRAY RAVEN
第一话：莫里安 VOL.1
虽然不是第一天跟你搭档了……

但我还是
很想问……
咔
咔
咔
为什么你总是
这副打扮……？
咔嚓
咔嚓

个人品位。
love
咔嚓

数年前——
莫瑞，我回来了。
放下
哥哥，你回来啦！

欢迎回家！
你怎么起来了？
……身体没事吧？
我没事，哥。
我是有先天性心脏病啦，但又不是「玻璃人」。
在演变成「艾森曼格综合征」前我还是能跑能跳的。
是，能跑能跳，姑息治疗。
对了，哥，我今天看了你的藏书……
嗯？

虽然都是神经网络算法和概率编程的相关书籍……
我是有点无从下手啦，但是……
唰唰
对了，就是这个——
《多模态信息融合的仿真机械人基于运动基元的移动研究》。
激动
这篇论文的叙述风格，很有哥哥的感觉呢。
虽然看不懂，但我还是把它看完了。作者是……
咦……匿名？
?

这些书……对你来说，还太早了。
哎……？怎么这样……
……
那我考考你——100，010，001。
是代表三个什么数字？
嗯……
嗯……

用二进制换算，就是421……
你的生日。
原来如此——
二进制是计算机科学的基础，如果莫瑞对这方面有兴趣的话……
哥哥教你。还有……
翻找

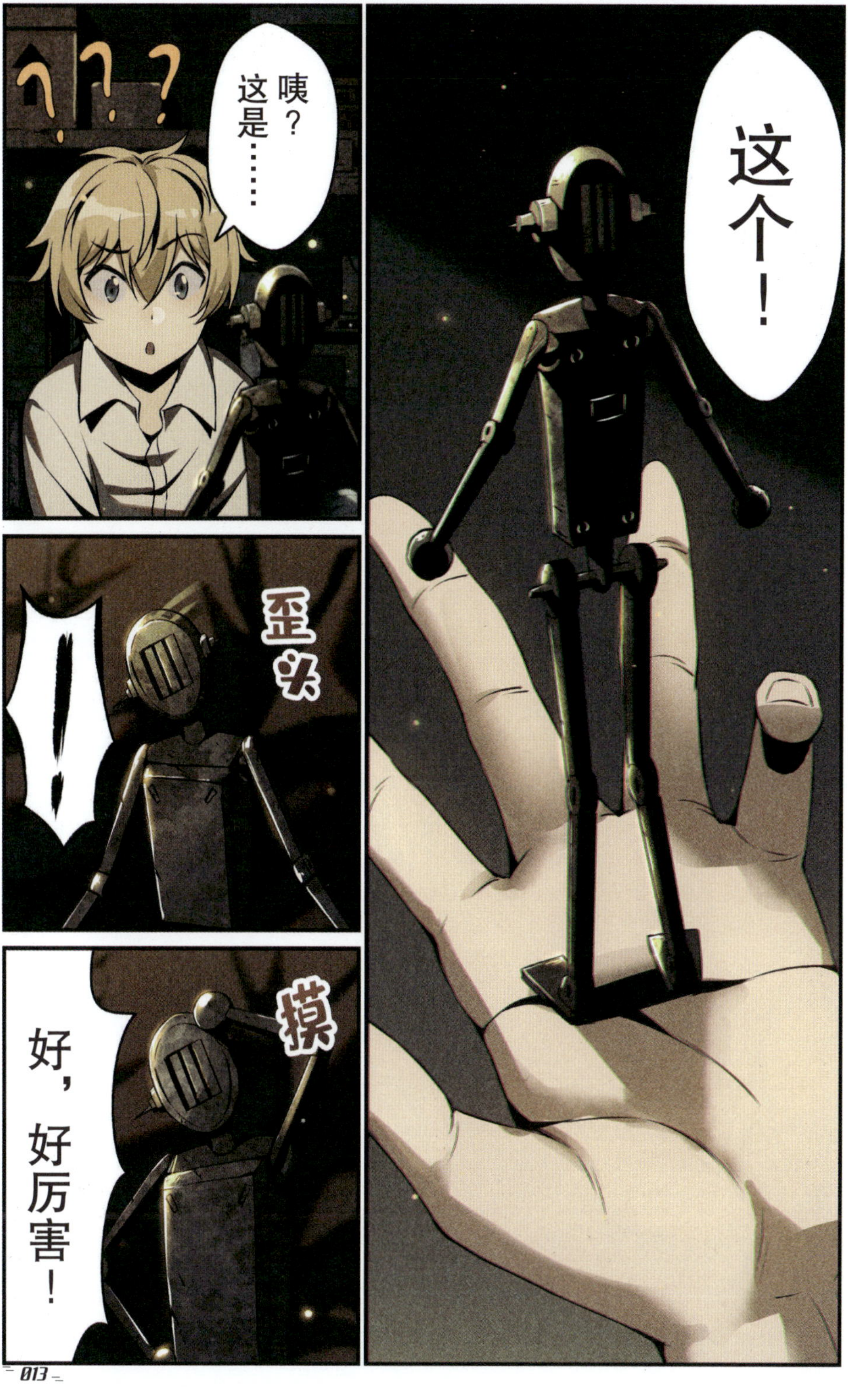
？？？
咦？这是……
这个！
！
歪头
摸
好，好厉害！

会动的小机器人！
是哥哥做的吗？
没错！
是莫瑞的哥哥做的哦。
这个小机器人，等到莫瑞生日的时候，就送给你吧。
真的?!

哥哥好厉害啊！
哥哥比写论文的人还厉害！
激动万分
……
应该……
不分伯仲吧。
这个小家伙……
本来可以完成得更好的。
期刊

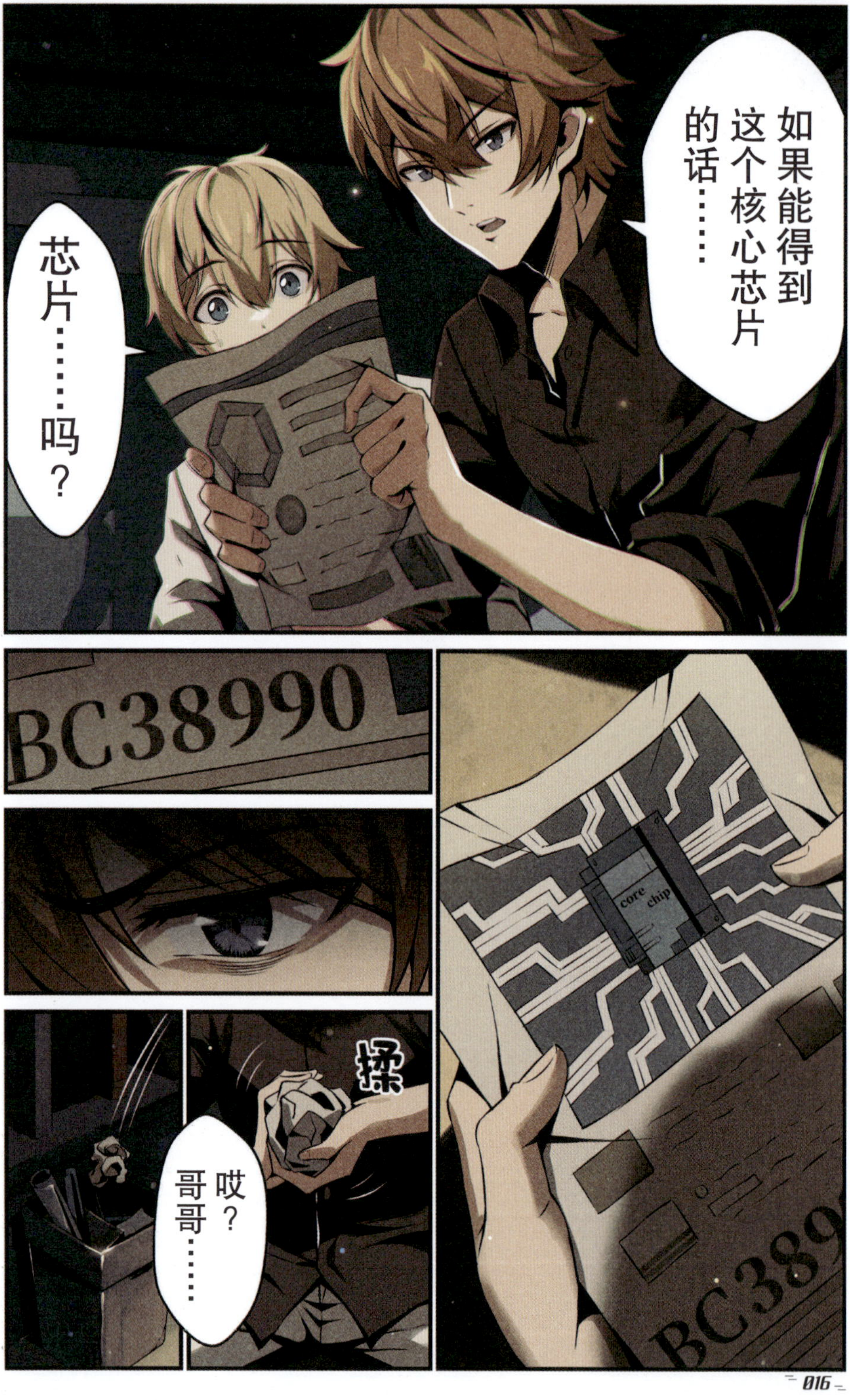
如果能得到这个核心芯片的话……
芯片……吗？
BC38990
core chip
揉
哎？哥哥……
BC389

莫瑞……
哥哥……？
哥哥会尽快把你送上手术台的……
你要早点做好心理准备。
嗯！我等着。

……
:02
遗憾，经过仔细评估，
您的简历未能通过筛选。
我们已将您的资料保存
在公司人才库中，今
适合的岗位会
您，感谢您对
司的关注。
咔
咔
咔
咔
咔

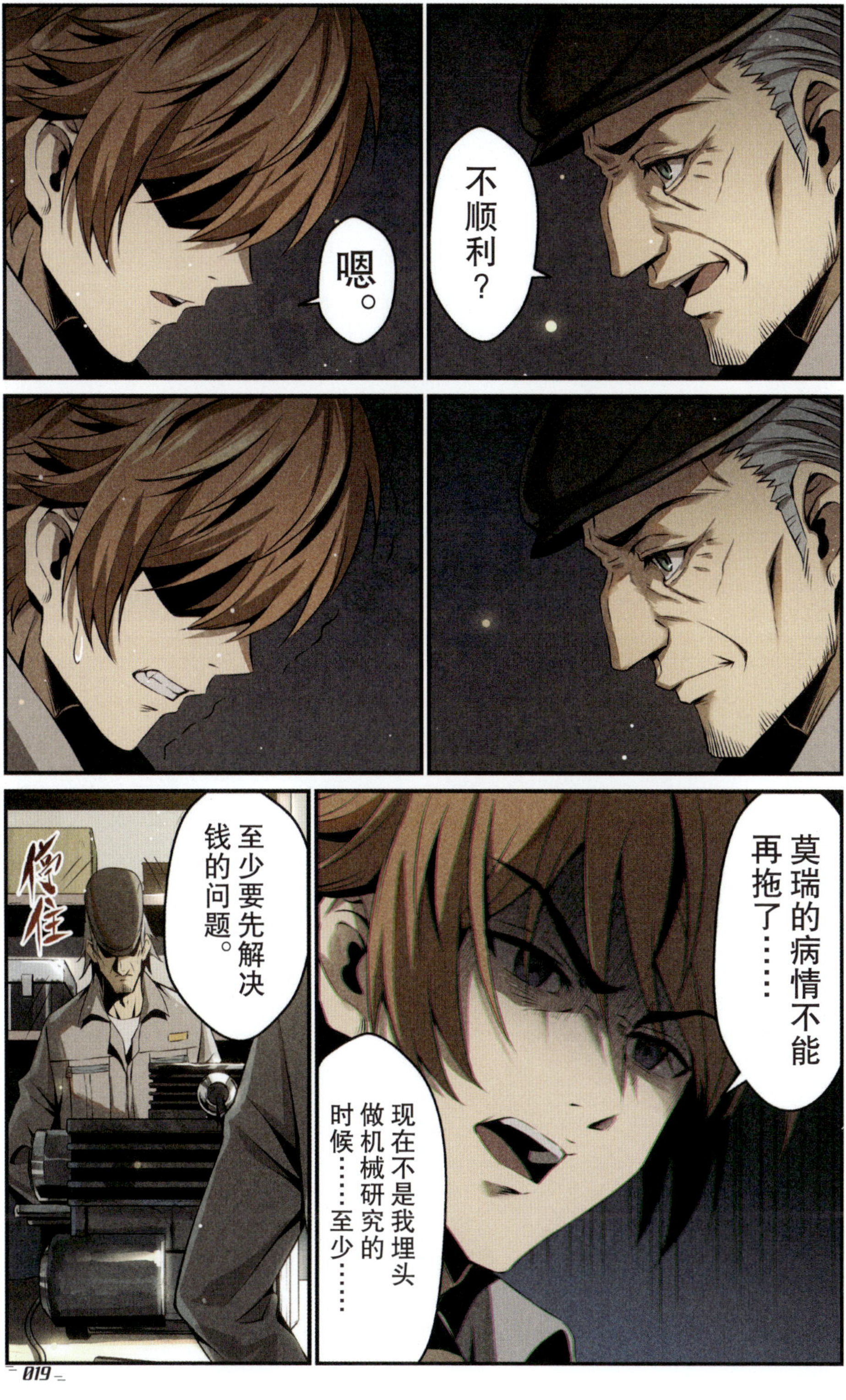

不顺利？
嗯。
莫瑞的病情不能再拖了……
现在不是我埋头做机械研究的时候……至少……
至少要先解决钱的问题。

你小子天赋不错，是个人才。
但是今时不同往日，如今的AI时代……
就连血汗工厂都没了。
你天赋再好，没有「履历」，也当不成「公司员工」。
不过，你要是实在缺钱……

……我这儿倒是有个活儿。
活儿？
啪嗒
……看你要不要接了。
要出差是吗？
咔嚓
这次又是去修理什么——

店长，你……

考虑一下吧。
下一位患者，324号，莫里安。
内科
你弟弟的情况并不乐观。
如果不尽快进行心脏移植手术，会很危险。
当然，我也了解你们的情况……
无论是心脏移植源，还是钱和中心医疗优先级，对你们来说都是不小的难关。

……我只能说，你要做好心理准备。
……我知道了。
哥哥！我想要新款的大魔神机器人！
唉？又要买啊？

我这个月的零用钱都快花光了耶……
求你了，哥哥我会借给你玩的！
好吧，那等下个月你生日的时候，我再送你好啦。
哥哥说到做到，你就放心吧。
好耶！「我等着」你哦！
我等着。

啪
店长！
我接了！
我……
呼
呼
呼
跟我来。

现在——
时间，方位？

在东南方向。

「鬣狗」大概三十秒后到达既定位置。
准备好了吗……
「里」。
咔嚓

简单的枪械改造，三十秒足够了。
咔嚓
要在「鬣狗」近身前解决掉它……

不能弄脏了我的外套。

战双帕弥什
间章
GRAY RAVEN
VOL.1
第二话：任务

摸摸
说起来，哥哥……
……最近回家很早呢。
摸

因为哥哥表现得很好，很快就完成了工作。
所以可以提早下班回来陪莫瑞。
机械工程师啊……
在大公司上班，哥哥真的好厉害啊。
哥哥穿的这身衣服也好帅气。

……不知道莫瑞能不能有一天……
也能跟哥哥一样呢？
……
……会有那么一天的。

莫瑞会比哥哥还帅气，还厉害。

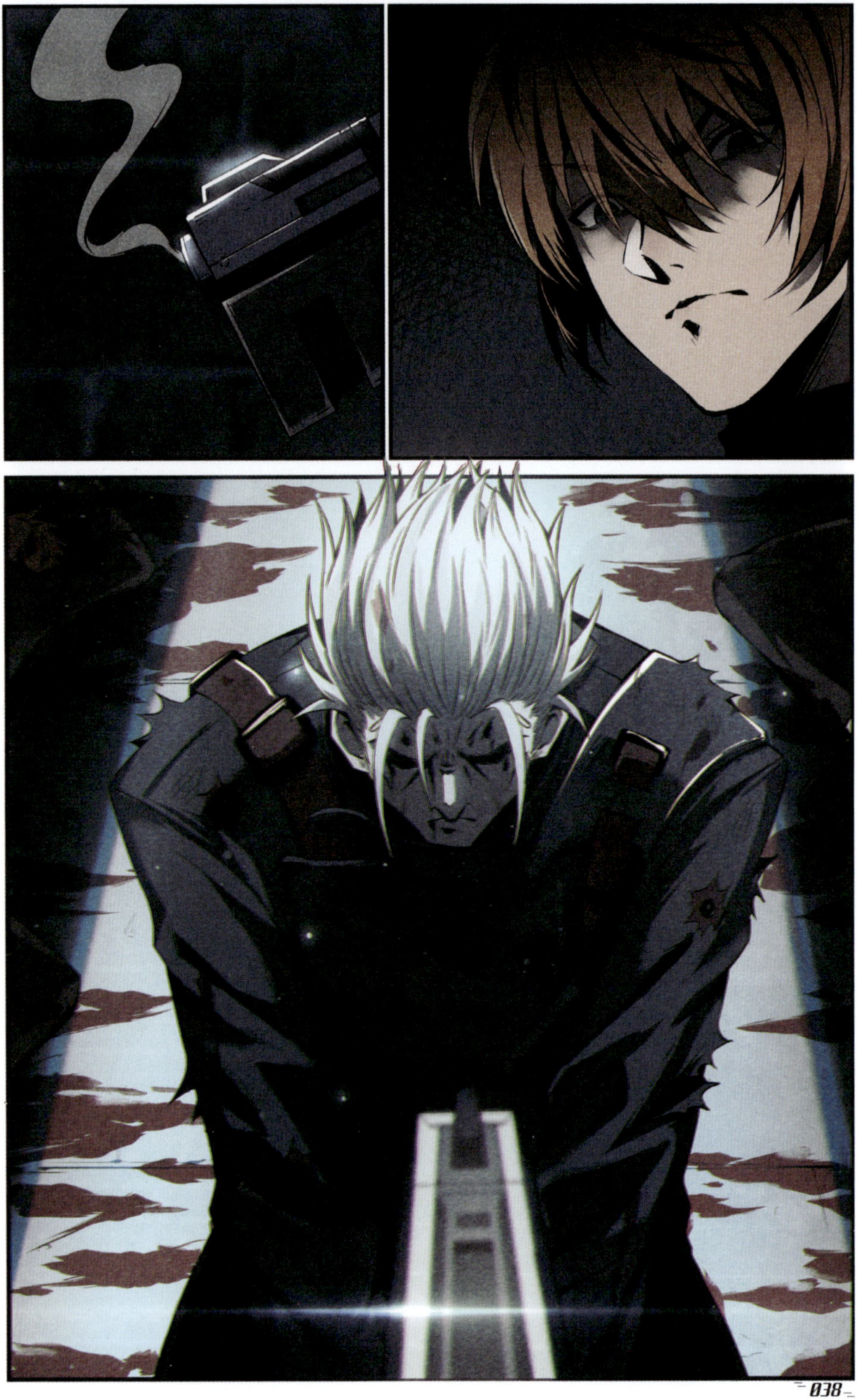

真够顽强的啊！这个家伙……
「鬣狗」……
吃了好几发磁暴枪都能挺住，这是人类吗？
简直就跟「怪物」一样。
别做无聊的事，赶紧收拾一下，准备撤退吧。
哎呀，我不是……
咔咔
呃啊！

呜……
唰！
！！！

挣扎
轰
踏

轰
好快!!
!
唔唔！
抵住

这是……
机械?!
啧!

唰
必须想办法拉开距离!!
有破绽!!

砰
砰
砰
就是现在！
?!!
跌倒
唰
踏

!!!
唰——
唰
啪

!!!
唔……!!
好强的力量!!
轰
呃啊!
啪

轰
跌倒
咻
咻
咻
咻
咻

胜负已分。
无论是人类，还是什么，只要是在这地表上活动的物体……
终究无法反抗「力学法则」。

咚
预先瞄准受力的膝盖是吗？
真是漂亮的战术啊！
「里」……
你怎么样？
咳咳……
算是死不了吧……
果然不是人吗？

快走。
这家伙……不简单……
再不走……
我怕后续「料理收尾的人」会把咱们也料理了。

黑野氏集团……
那个……
到底是什么呢？
别再想了……
只是工作而已，工作工作。
是什么……都跟我没有关系。

莫瑞……
莫……
抽搐
莫瑞!!

战双:帕弥什 间章
GRAY RAVEN
第三话：莫瑞
VOL.1
我……没事的……

莫瑞!!
哥哥……
你不要生我的气……
可恶!
……病情又再度恶化了吗?

哥哥……我这几天……偷偷出了门……
把之前攒起来的零花钱……全部花掉了……
……已经没有时间了吗？
莫瑞……你明明知道自己……
哥哥……你看……
core chip

哥哥想要的……
是不是这个芯片？
其实我啊……
我也不知道，你，咳咳……
你需要什么样的芯片……
咳咳
……莫瑞？！
可是这个……最好看了……
在莫瑞不能陪在哥哥身边的时候……
嗯，我就是需要这个。
抱紧

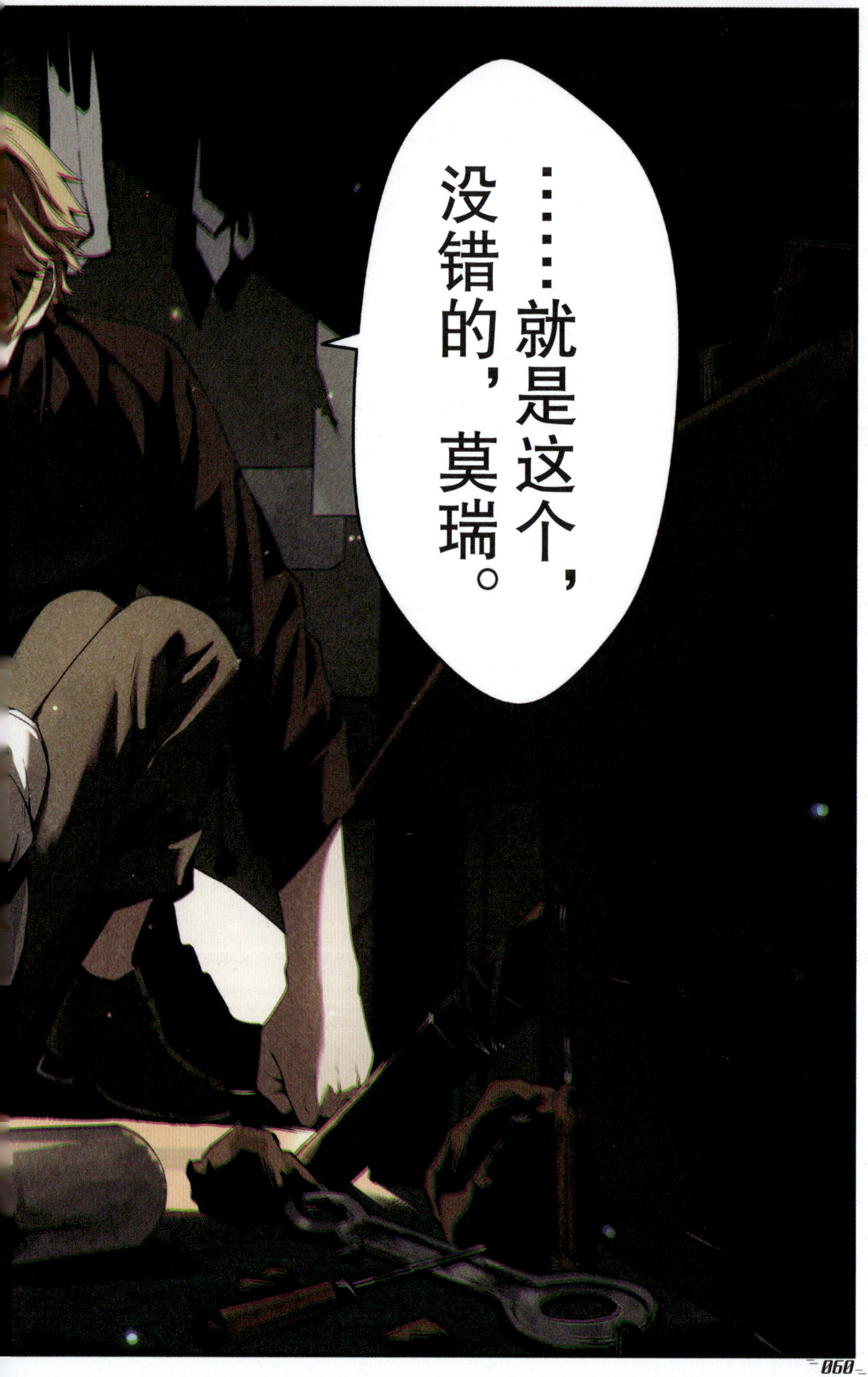
……就是这个，没错的，莫瑞。

……装了新芯片的小机器人……
就可以代替我……
陪着……哥哥了……

2-E
2-D
Love
……想要拿到这么大一笔钱，
在这么短的时间内，根本是不可能的事啊。
我必须拿到这笔钱！

唔……
……如果是这样的话。
我听到一个「消息」。

……有一个研究所在招募实验人员，提供的报酬相当可观……
我可以试着帮你联系一下。
但……实在很可疑……
里，你还是慎重考虑一下比较好。
谢了……
起身
那就拜托你了。
等一下！
里……

这个研究所……是黑野氏集团旗下的。
你还记得……我们上次清理掉的「那个东西」吗……
「那个东西」，也是黑野氏的……
对于……我来说。
不论用什么方法，要付出什么代价……

……只要莫瑞
能够活着。

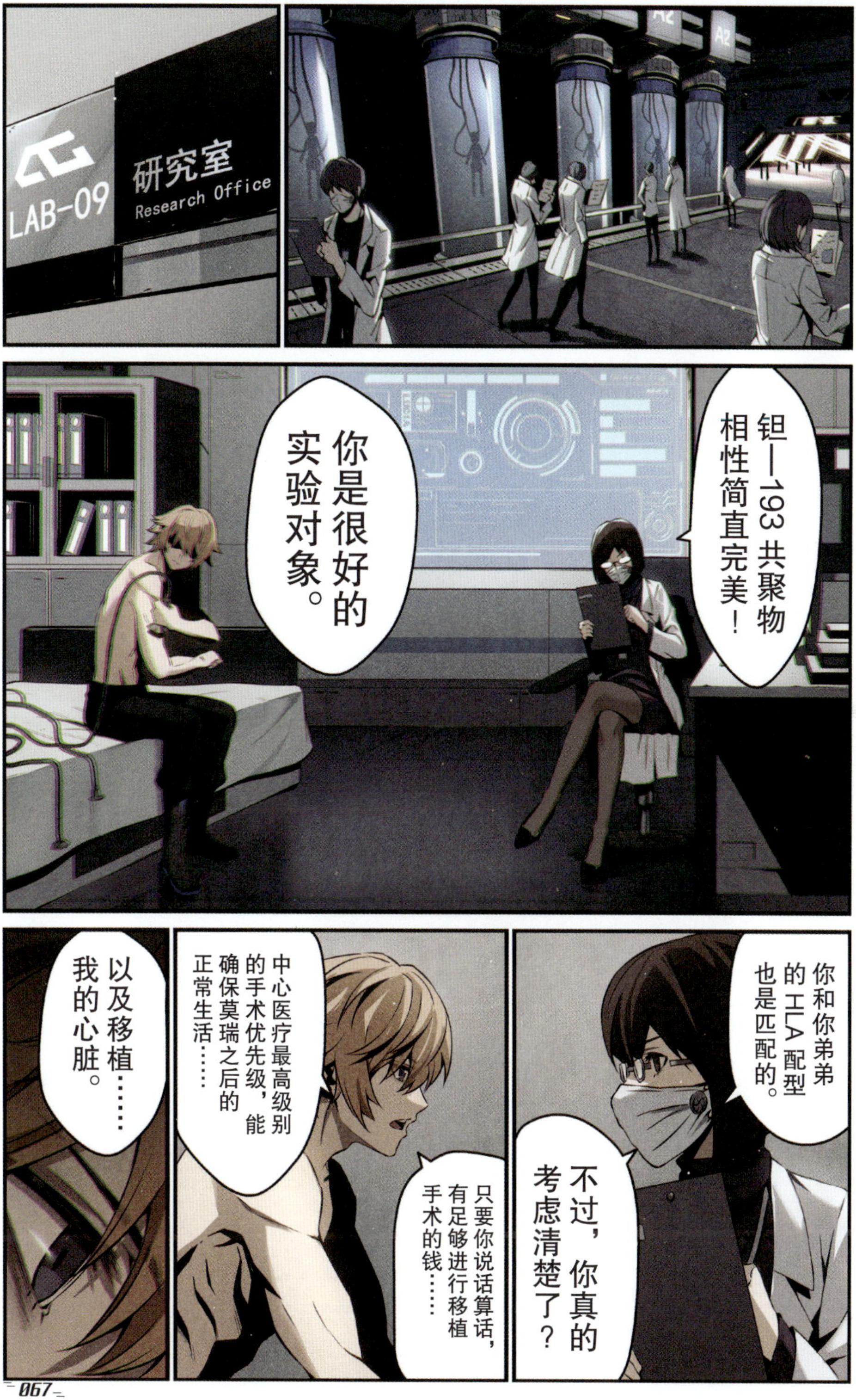
LAB-09
研究室
Research Office
A2
A2
钽—193共聚物相性简直完美！
你是很好的实验对象。
你和你弟弟的HLA配型也是匹配的。
不过，你真的考虑清楚了？
只要你说话算话，有足够进行移植手术的钱……
中心医疗最高级别的手术优先级，能确保莫瑞之后的正常生活……
以及移植……我的心脏。

这个你可以放心。不仅如此……
我们会确保你弟弟之后能享有的待遇都是优先级的！
甚至……他会得到进入「空中花园」的资格。
好……
我还顺便测试了你弟弟的钽—193共聚物相性，也还不错——
不考虑给你弟弟换一颗机械心脏？这可不需要你付出这么大的代价。
砰

别打我弟弟的主意。
不要以为我不清楚你们实验的危险性。
这是赌上「未来」的交易。不论是为了什么……
卖命这种事，我来就可以了。

……
别这么悲观，只要实验成功，那就是……
我并不关心你们的计划。
——我只要保障
莫瑞的安全。

总之，在实验开始前，我会派人把你的弟弟带到这里。
我们会为他配备最先进的医疗设备……
一流的医生主刀……
擦
在对你实验的同时，为他进行移植手术。
里……
见上最后一面吧……
术室
哗啦啦

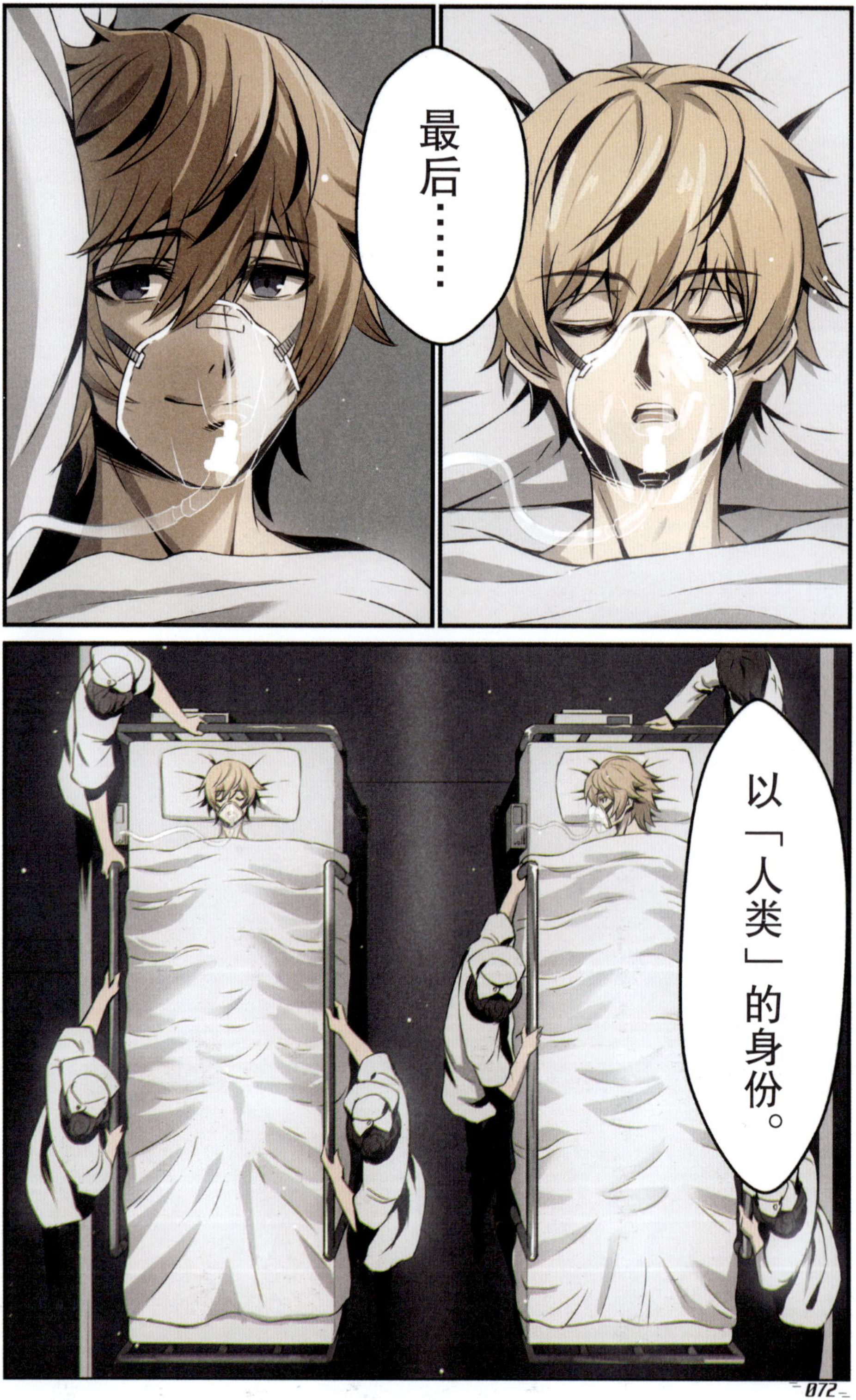
最后……
以「人类」的身份。

咔
咔
咔

哥……
……嗯？
哥哥……哥……
这是……？
……哥哥。
嘟噜
嘟噜

哥……
……哥哥？

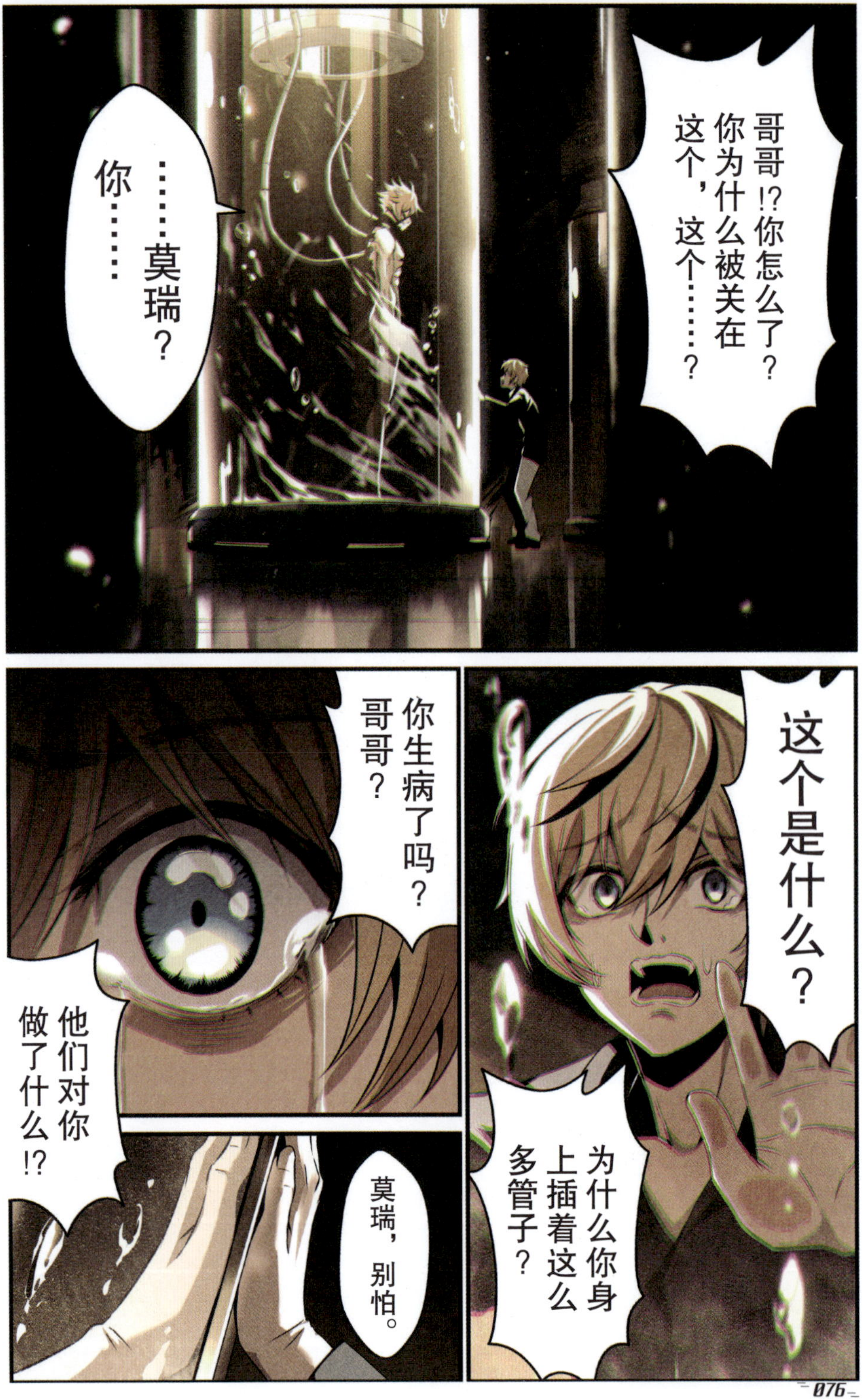
哥哥!?你怎么了?你为什么被关在这个，这个……?
……莫瑞?你……
这个是什么?
为什么你身上插着这么多管子?
你生病了吗?哥哥?
他们对你做了什么!?
莫瑞，别怕。

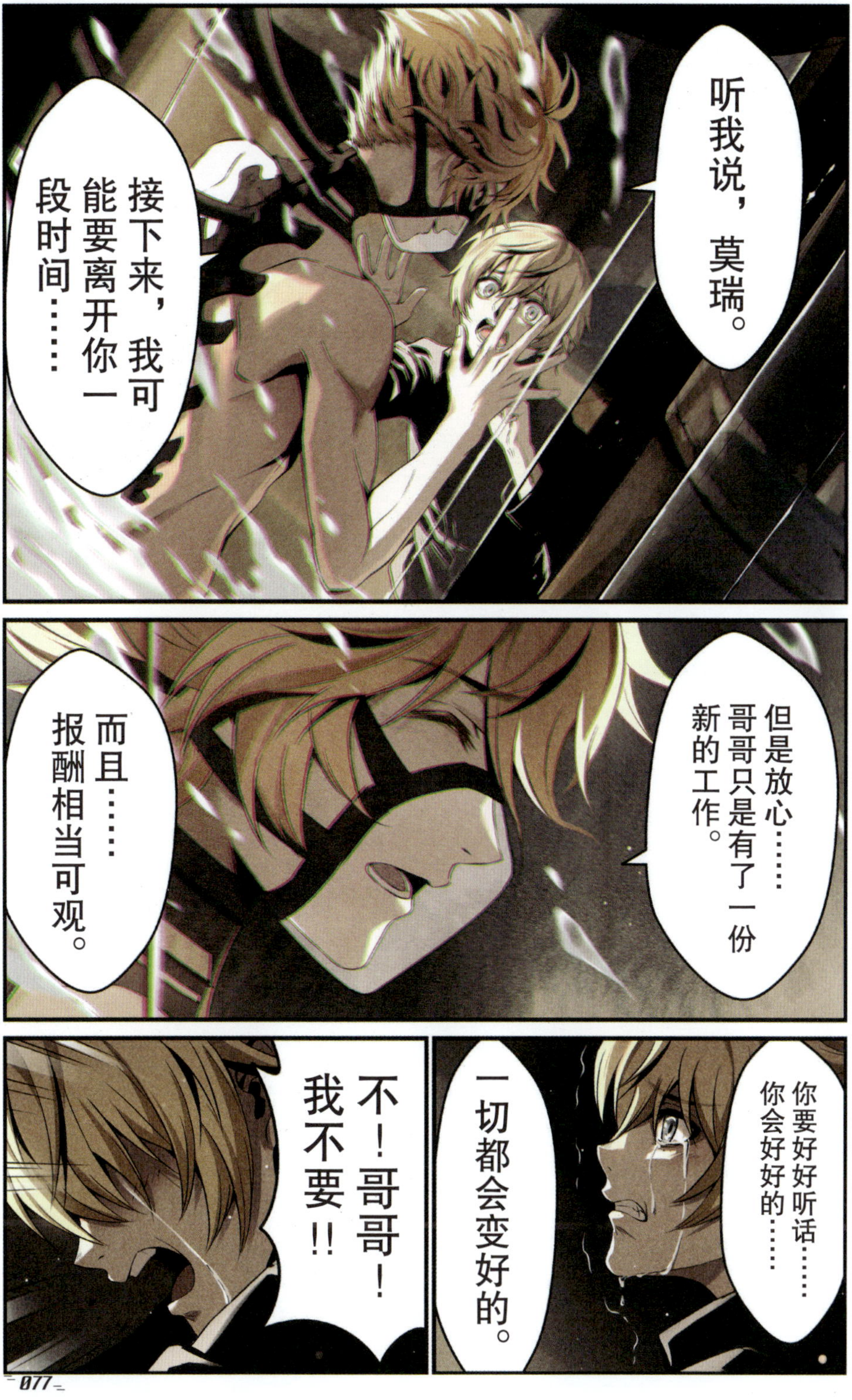
听我说，莫瑞。
接下来，我可能要离开你一段时间……
但是放心……哥哥只是有了一份新的工作。
而且……报酬相当可观。
你要好好听话……你会好好的……
一切都会变好的。
不！哥哥！我不要!!

我要和你一起去，哥哥!!
我会好好学习，听话!!
……你带我一块儿走好不好？
……多大了，还跟哥哥撒娇。

哥哥答应你，一定……
一定会再回到你身边的……

一定……

STAFF

[主 笔] 风间
[脚 本] 王不艺
[色 彩] 画画的K
[场 景] 月亮脸，梧桐
[监 制] 暗夜XIII

[原 作] 库洛游戏

STORY 02
GRAY RAVEN:interlude

战双帕弥什 间章
GRAY RAVEN
第一话：不速之客 VOL.1
…呼呼
…呼呼呼

对不起……
小姐……
没能遵守……
我对你的承诺。
但只要
你……
你和先生……
能够幸福地
生活下去……
妈妈，
春天到了……
您最近还好吗？

丽芙……过得很好哦。
「木木」长势也很好。
前几天还开了很漂亮的小花！
如果……您也能看到就好了。
啊！丽芙这样说，妈妈一定会担心丽芙是寂寞了吧？
丽芙并不会寂寞呢！
父亲带了新妈妈回家了。

还有新哥哥新姐姐，所以丽芙一点儿也不寂寞。
以后，这就是你的妈妈，还有哥哥姐姐了。
你们可要好好相处啊。
不安

千万别给你妈妈惹麻烦！
瞧你说的，这孩子看上去文静又温柔。
怎么可能给我惹麻烦。
我们一定能好好相处的，对吗？
是的……妈妈……
嗯嗯。
来……
你们也来跟妹妹打个招呼。

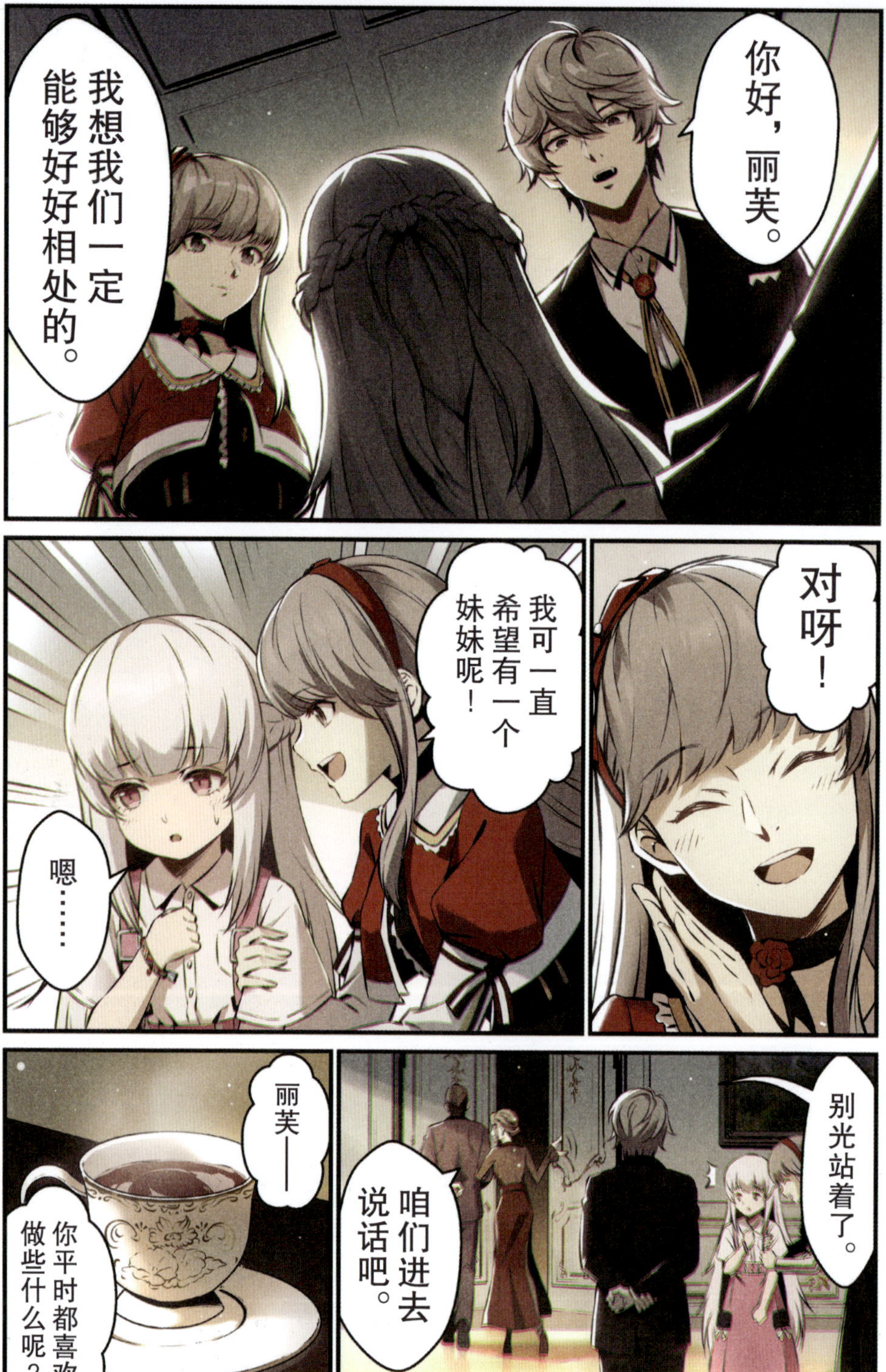
你好，丽芙。
我想我们一定能够好好相处的。
对呀！
我可一直希望有一个妹妹呢！
嗯……
别光站着了。
咱们进去说话吧。
丽芙——
你平时都喜欢做些什么呢？

弹钢琴？
花艺？
喜欢喝红茶吗？
我，我喜欢……看书……还有……
照顾植物……也喜欢小动物，比如绵羊……
小动物？
猫猫狗狗虽然也挺可爱，但是绵羊……也太……

像这种低等的工作，现在不是全部交给机械了吗？
你又不是园丁和放牧人的女儿。父亲可是本市最大医研中心的董事。
你不会只喜欢这些无聊的东西吧？

好了好了，看看你们！
丽芙，不要跟哥哥姐姐置气哦。
他们呀，就是说话比较直接——
你可别往心里去！
放

多向他们学习，明白了吗？
丽芙，好好听你母亲的话。
要好好跟哥哥姐姐相处……
是……爸爸。
……
亲，亲爱的？
咚！

是医研中心有事吗？
嗯，最近都挺忙的，有一个新项目……
具体我不便多说……
总之，可能暂时没办法多陪你们。
没事，这都是为了全人类的幸福……我能明白的。
爸爸!!

如果有什么我能够帮忙的……
尽管吩咐……
转身
……
慢走，亲爱的。
家里就放心交给我吧。

爸爸……
这次的晚会，各界泰斗都会出席……

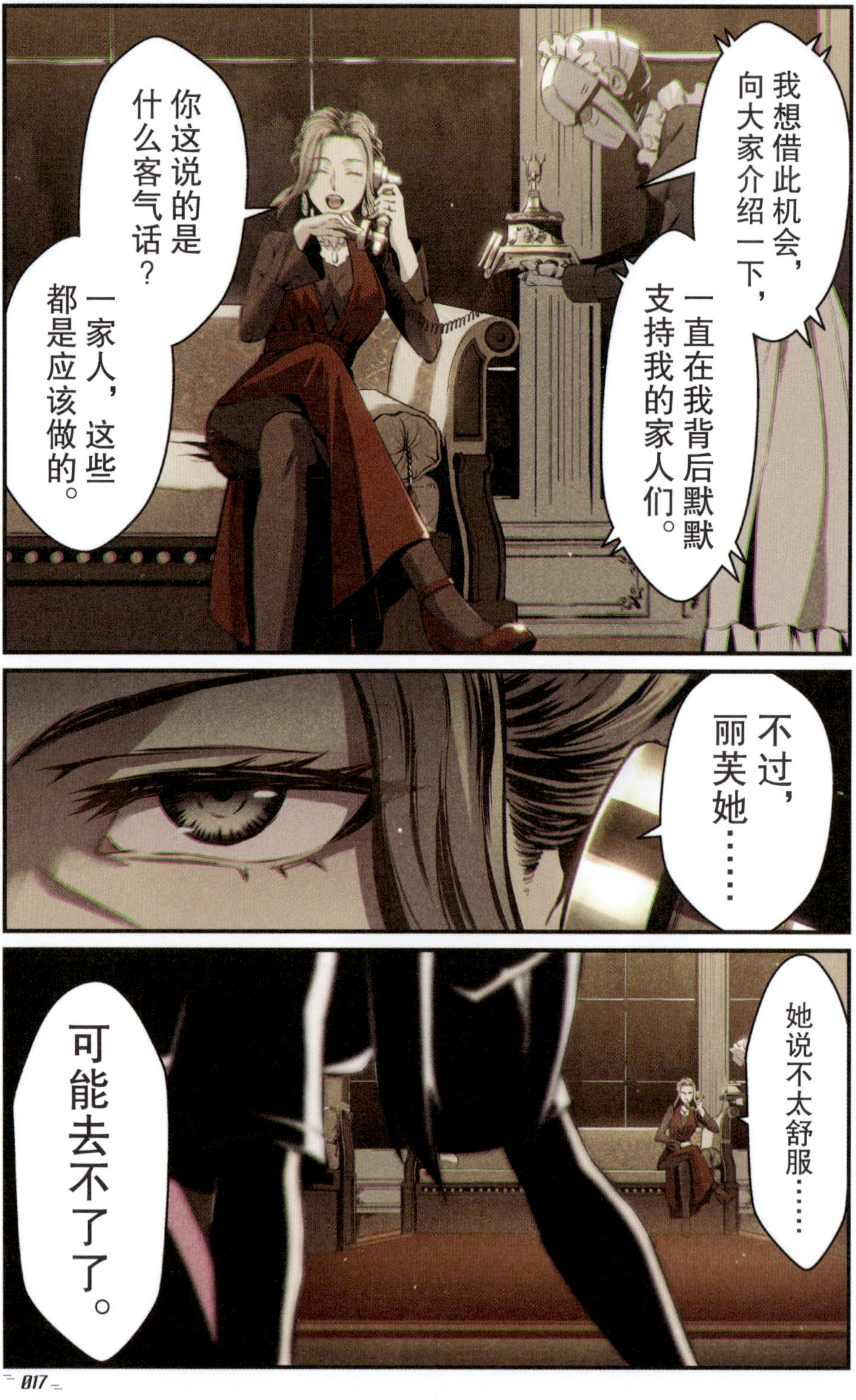
我想借此机会，向大家介绍一下，
一直在我背后默默支持我的家人们。
你这说的是什么客气话？
一家人，这些都是应该做的。
不过，丽芙她……
她说不太舒服……
可能去不了了。

可我看着也不像。
我猜兴许是她不喜欢人多的地方……
既然孩子喜欢安静……
你就让她一个人待着吧。
……

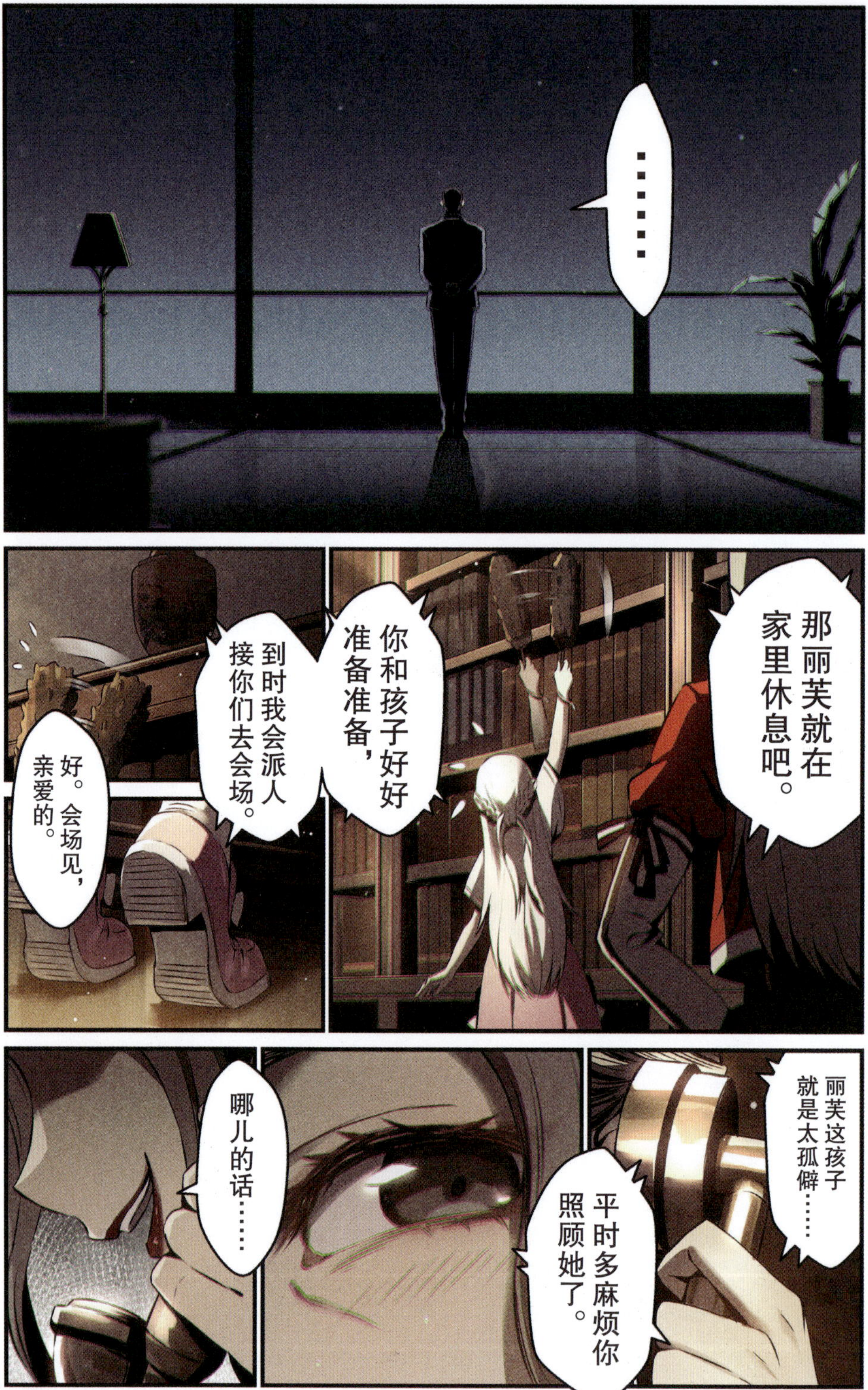
……
那丽芙就在家里休息吧。
你和孩子好好准备准备，
到时我会派人接你们去会场。
好。会场见，亲爱的。
丽芙这孩子就是太孤僻……
平时多麻烦你照顾她了。
哪儿的话……

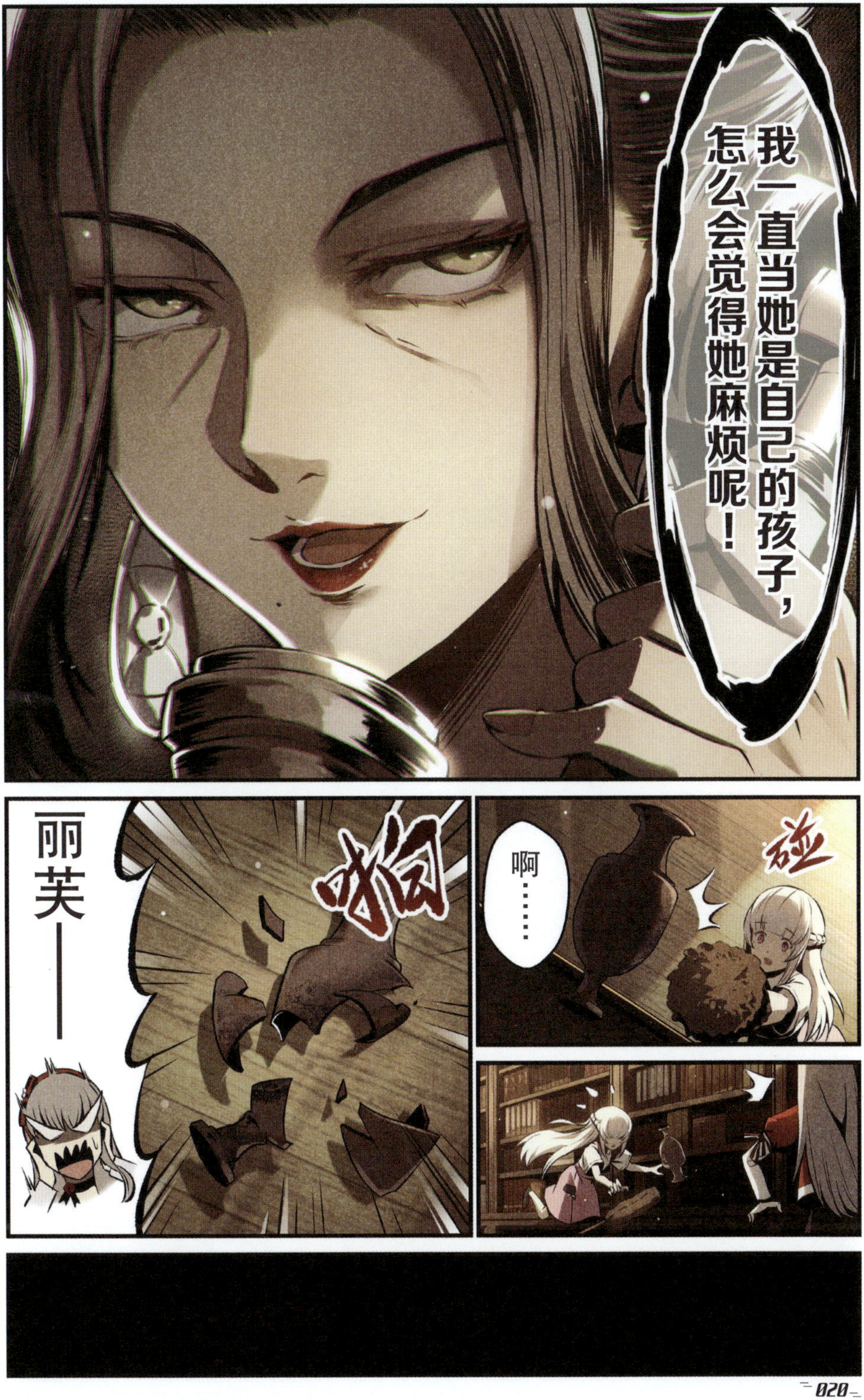
我一直当她是自己的孩子，
怎么会觉得她麻烦呢！
丽芙——
碰
啊……

自从新家人来了之后……
丽芙学会了很多东西呢。
都是些非常实用的生活技巧。

现在的丽芙……
已经能用十分钟就做好三人份的早餐了！
让你做个早餐而已！
怎么这么慢啊！
真是够不中用的。

好了……
把饭菜放下吧。
好，好的，
妈妈。
……

母亲，这次出席晚会……
我想穿那件订制的纯手工白色礼服裙！
当然可以了，
毕竟那条裙子和你那么相称！
高贵而美丽……
看看我的宝贝儿子，宝贝女儿！
真是光彩照人，不愧是我的孩子！
想必你们的父亲看见了，也会觉得满意！

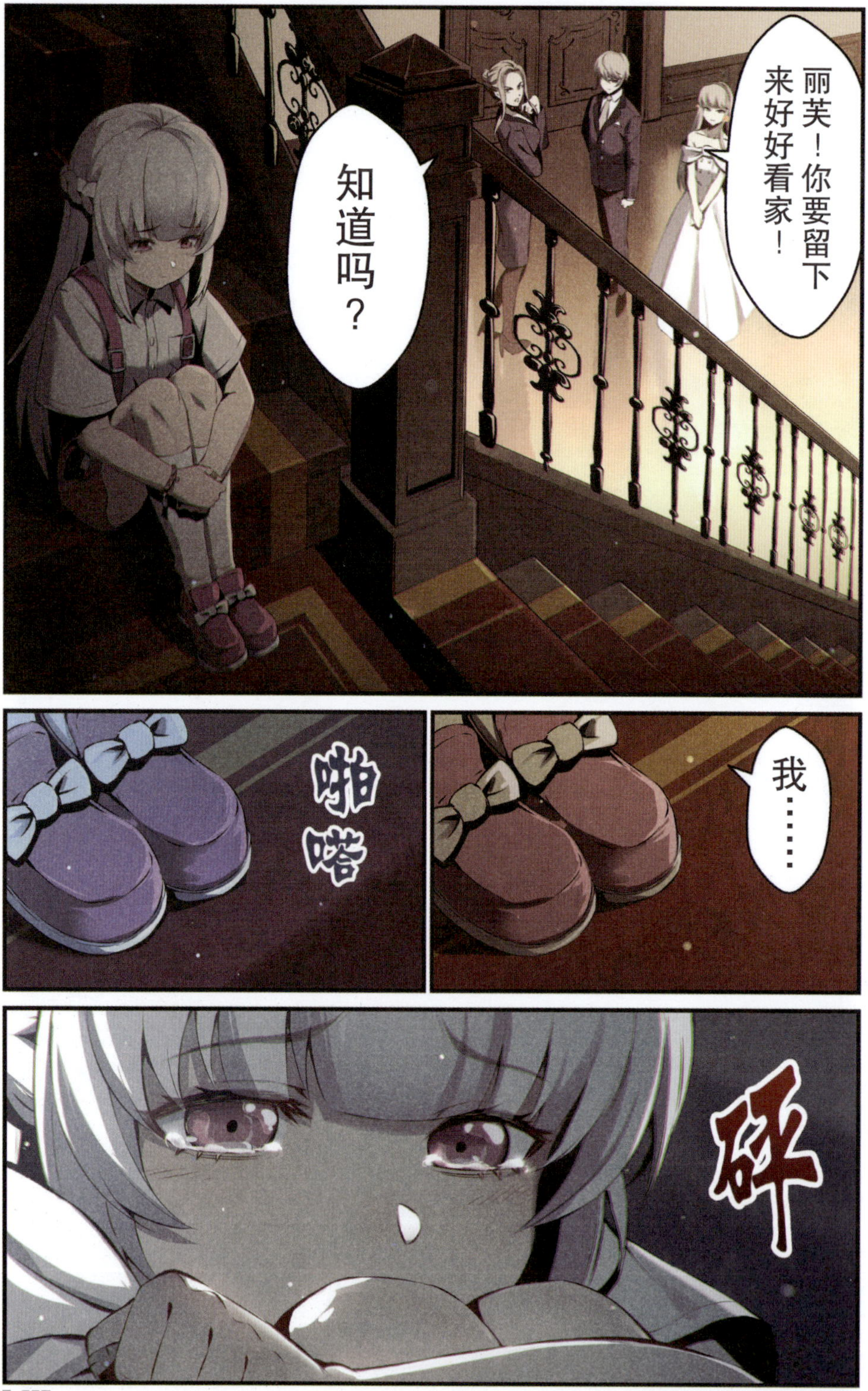
丽芙！你要留下来好好看家！
知道吗？
啪嗒
我……
砰

……我知道了。

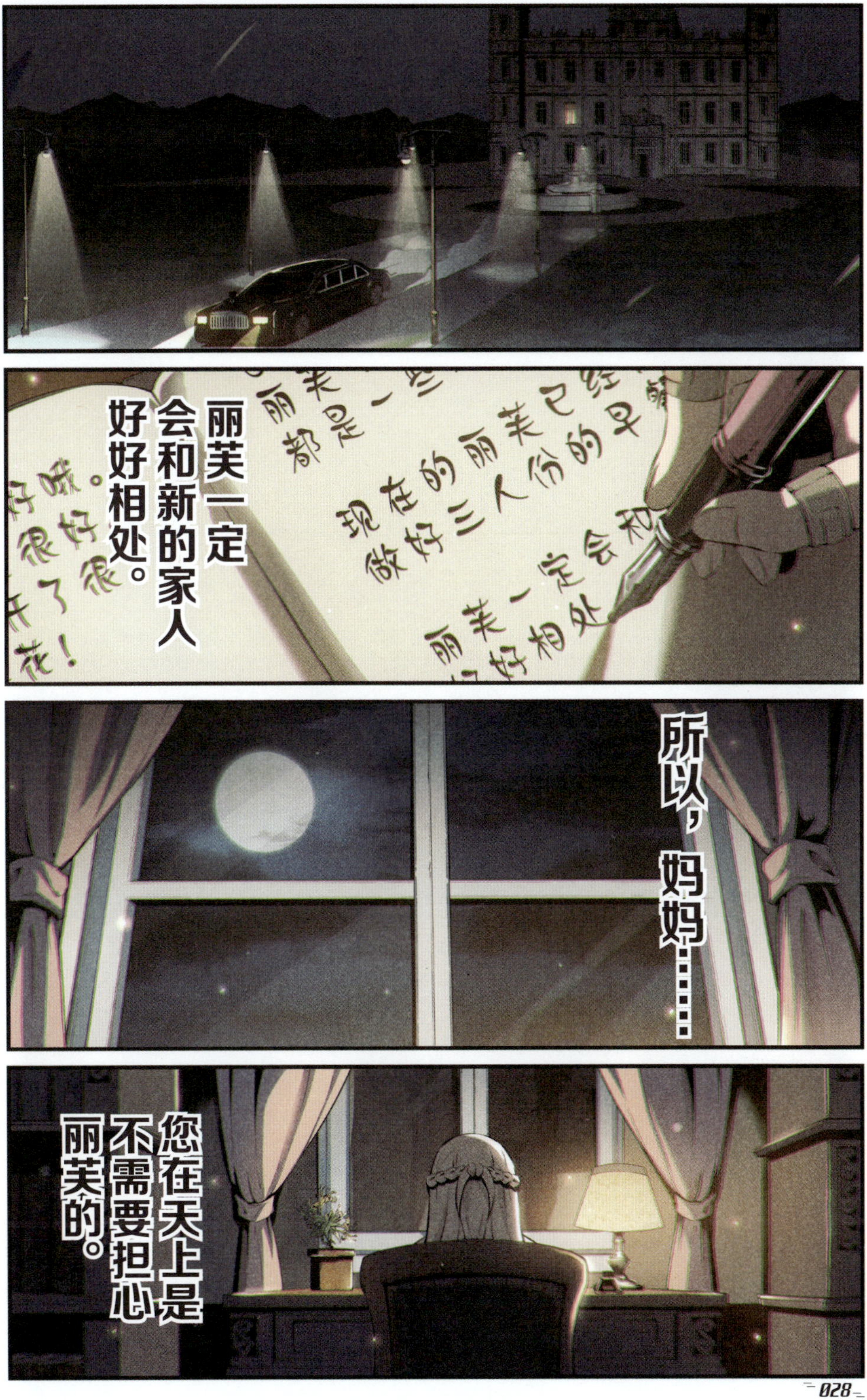
丽芙一定会和新的家人好好相处。
现在的丽芙已经
做好三人份的早
丽芙一定会和
好好相处
所以，妈妈……
您在天上是不需要担心丽芙的。

丽芙会过得好好的。

战双帕弥什间章
GRAY RAVEN
第二话：纯白礼服
VOL.1
嚓
嚓
嚓
捧起

埋下
喂——
沙沙沙

你还在挖泥巴啊？早餐做好了吗？
嗯，已经做好了，在厨房里……
今天爸爸上早班，所以只做了三人份的……
啊，是吗？
那我们就先开吃咯。
唰
好的……
姐姐……你们先……
呼——

吃吧……
不知名病毒大肆蔓延……
发狂的机械……
攻击……
请市民不要过于恐慌……

地面防卫军……前往前线……医疗……
我是不会同意的！
那可是战区！
就算是后方战场，也太危险了！
如果我的宝贝儿子和女儿受到感染的话……
我绝对不同意!!

在这种时候，任何一个团体……
任何一个人都不能躲避这份责任……
——任何人！
包括这个家！包括我！！
动用你的权力！
你可是医研中心的高层，就不能免去这一责任吗？

你的意思是……
逃兵役？
唔……
……
妈妈……

我……
哥……
我绝对不要去！
我要是去了那种有去无回的地方……
父亲的医研中心可就后继无人了！
那更不能是我了吧？
我不可能去的！

我是女孩子啊！
抓住
不是说过段时间给我安排和集团董事公子见面吗？
我可是要订婚了……
稀里哗啦
父亲，母亲……

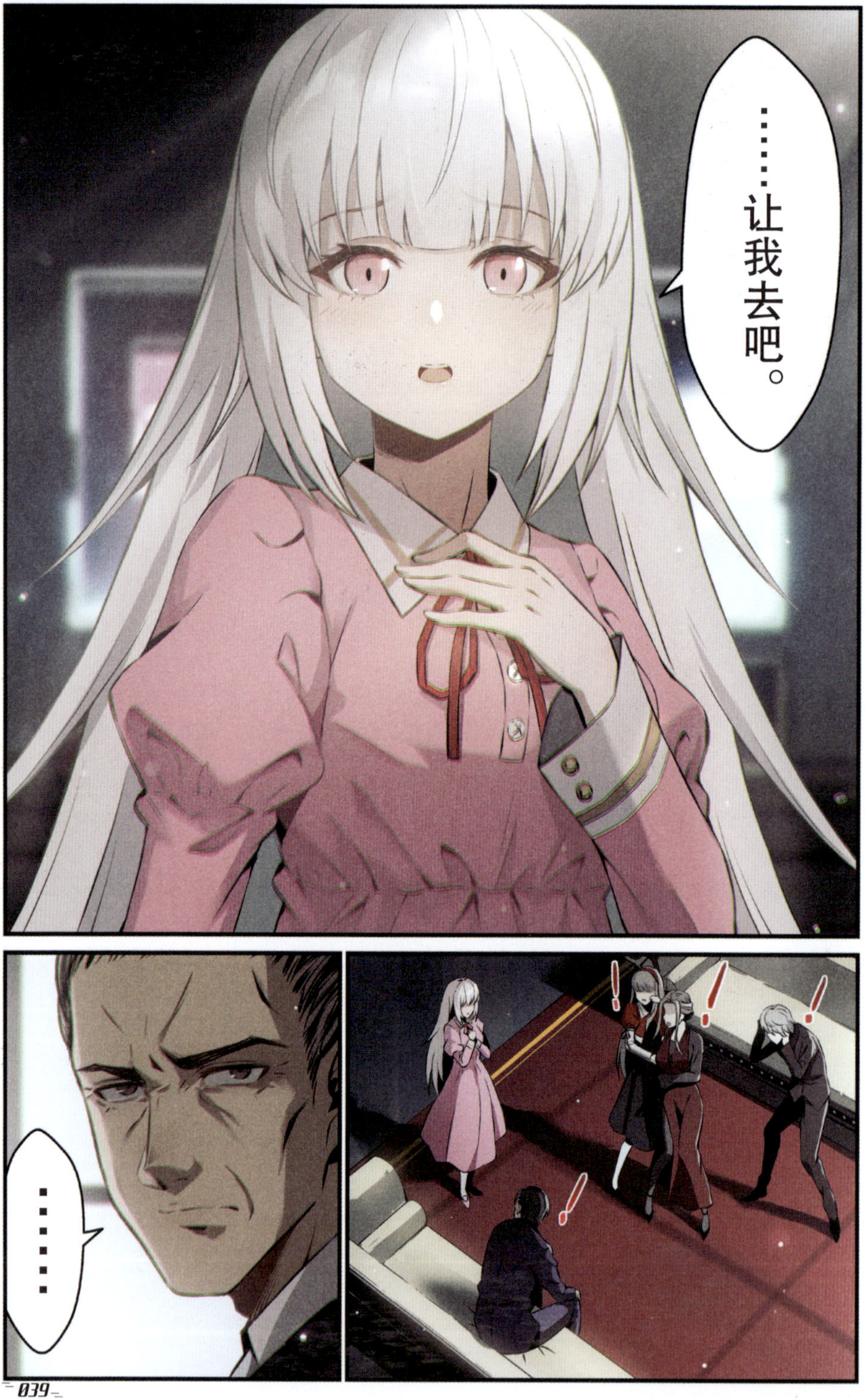
……让我去吧。
……

哥哥……不能去。
父亲的事业不能没有继承者。
姐姐……
已经有了喜欢的人。
如果……姐姐前往战区的话……
母亲一定会非常非常担心吧。
如果是丽芙的话……
至少丽芙可以像父亲说的那样……
为了全人类的幸福……

——请让我，前往战区吧。

坚定

不愧是我们的女儿……
她真的很像你。……
我直到现在才发现这一点。

这是全人类的战争。
但是……
只要还在地球上……
再逃又能逃到哪里去？
咔
别怪我……
希望你别怪我。

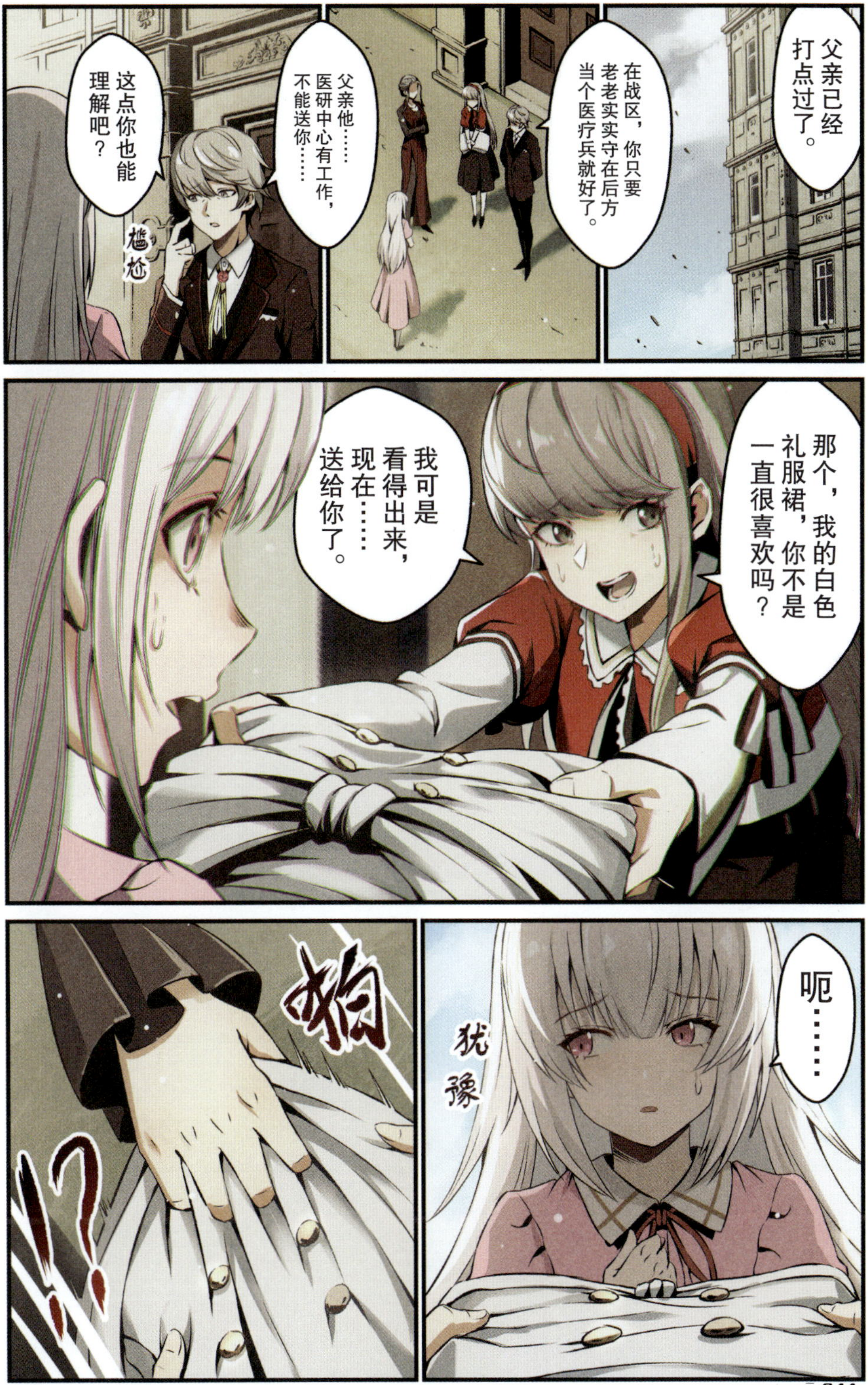
父亲已经打点过了。
在战区，你只要老老实实守在后方当个医疗兵就好了。
父亲他……医研中心有工作，不能送你……
这点你也能理解吧？
尴尬
那个，我的白色礼服裙，你不是一直很喜欢吗？
我可是看得出来，现在……送给你了。
呃……
犹豫
啪
!?

换上这件礼服……
在镜子前整理好了再出来。
畏缩
……
好……
好的……
好漂亮的礼服……

我就这样穿上了，真的可以吗……
整理
虽然你很快就要离开这个家……
但你还是这个家的一份子。
即便是去参军，也不能让你灰头土脸地出发。
不然让别人笑话，丢了我们家的脸。
换一身衣服……至少……
漂漂亮亮地走……
停下

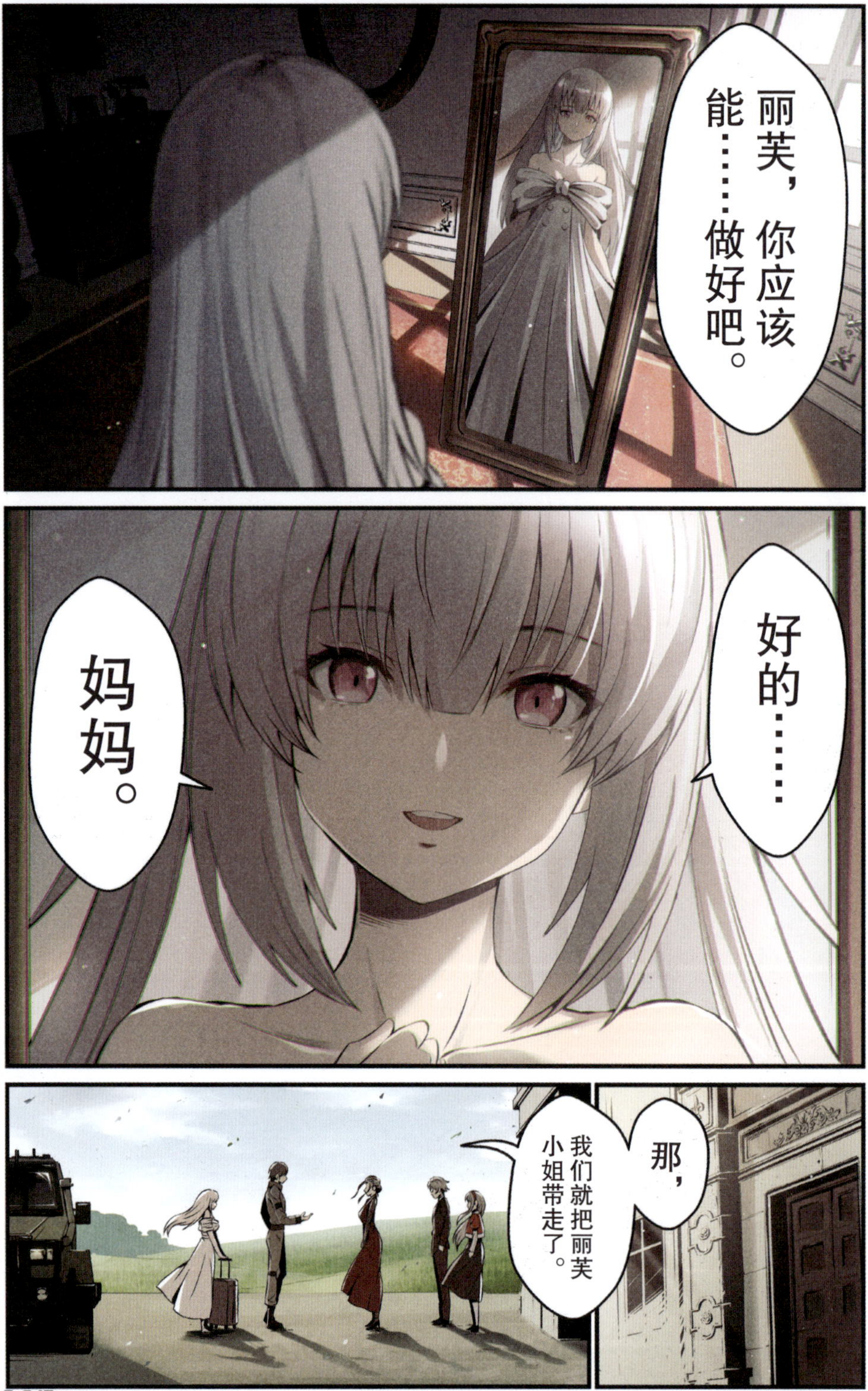
丽芙，你应该能……做好吧。
好的……
妈妈。
那，
我们就把丽芙小姐带走了。

你们……不准备再和她多说几句吗？
好的。
好吧……
该说的刚才都已经说过了。
战争结束之后，你们负责把她送回来就行。
再见了，哥哥姐姐。

再见了，妈妈。

……去吧。
嗯。

她终于……走了。
嘻嘻，一件裙子就能打发掉她。
啊啊，有妹妹就是好啊。
好了，都回去吧。

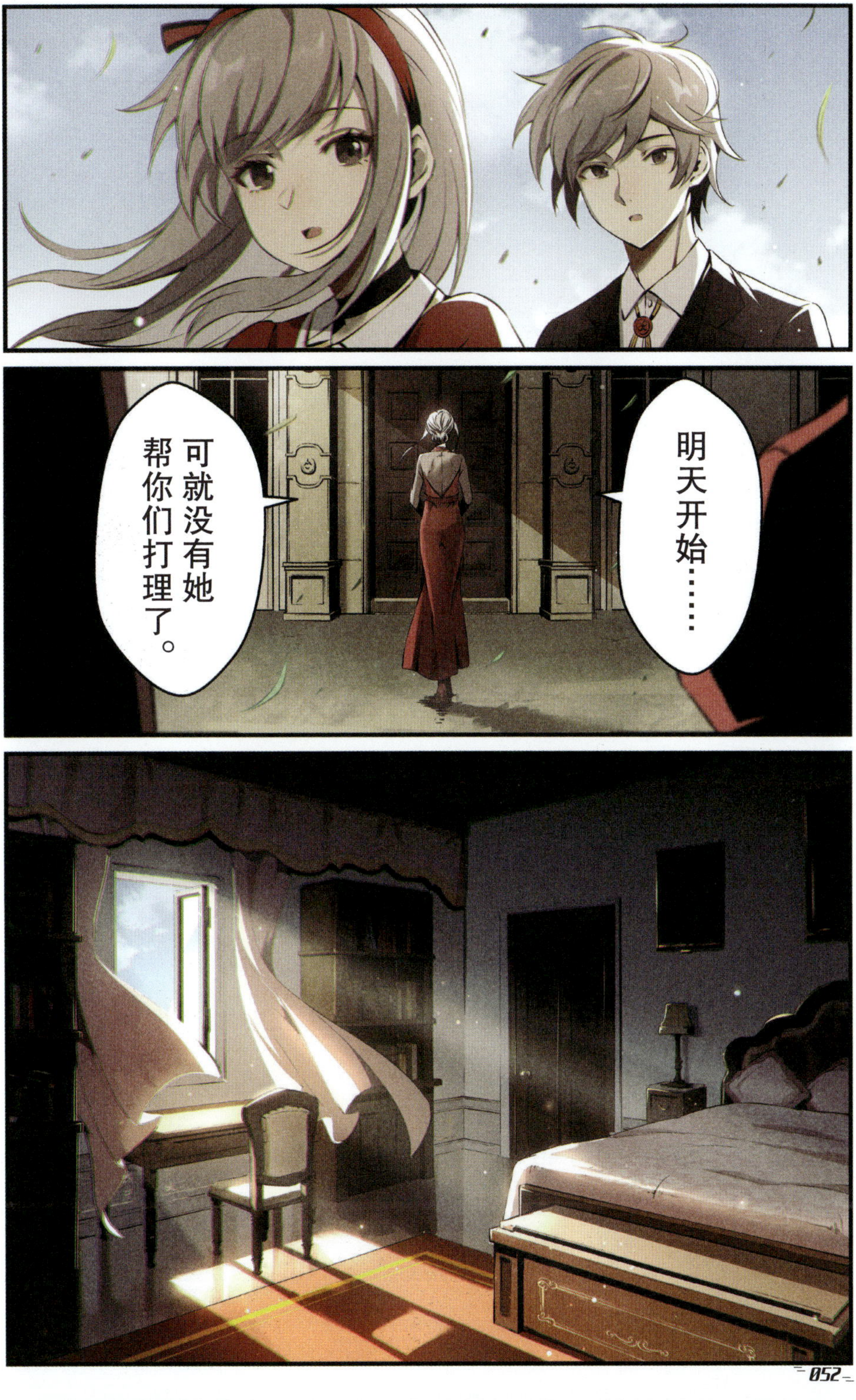
明天开始……
可就没有她帮你们打理了。

战双帕弥什 间章
GRAY RAVEN
VOL.1
第三话：祈祷

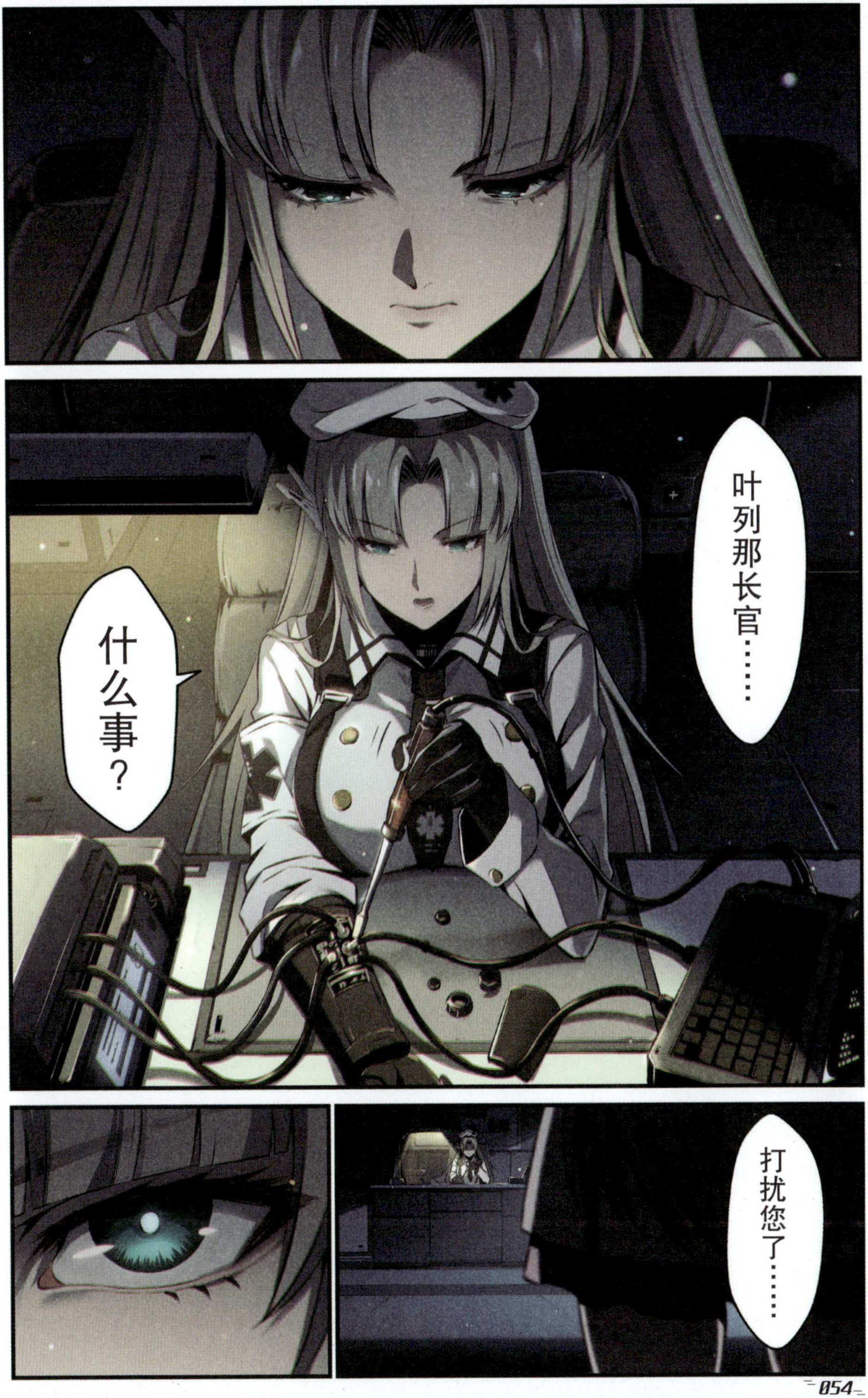
叶列那长官……
什么事？
打扰您了……

我是六队的医疗兵丽芙……
很抱歉在您的私人时间打扰您……
我，我有些问题想要向您请教……

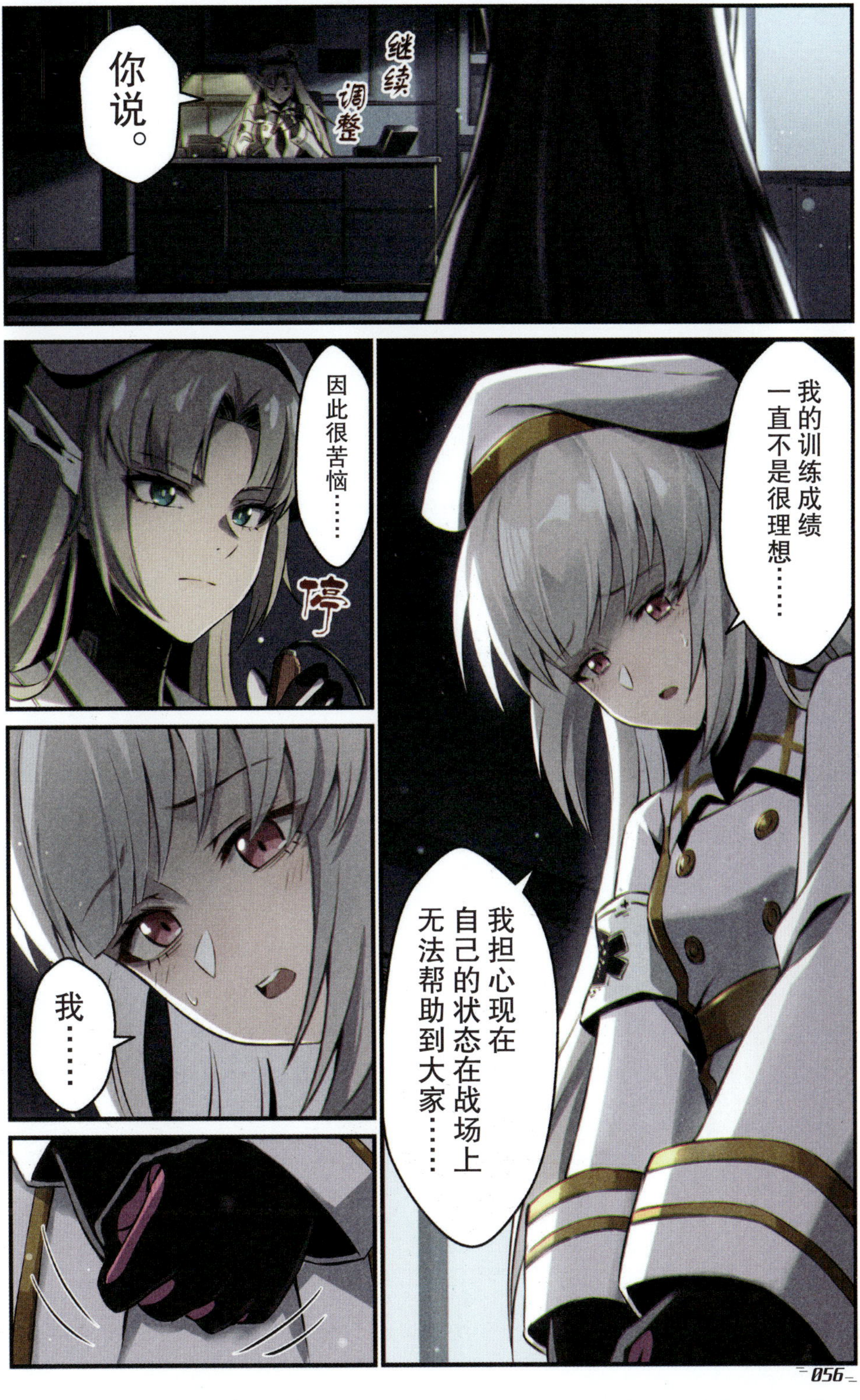

继续调整
你说。
我的训练成绩一直不是很理想……
因此很苦恼……
停
我担心现在自己的状态在战场上无法帮助到大家……
我……

我真的很想知道，有什么我能做的。
——我想发挥更大的用处。
……
啪
抱，抱歉……

你只需要按照训练课程脚踏实地训练就好了。
……额？
每个人的身体基础不同，即便你通过了服役申请，
也只能说明你只是达标，不代表你正好擅长战斗。
我明白了……
点头

但再过不久，就要去前线了……
没有太多时间留给你缓慢进步。
我，我知道自己一直以来还不够努力……
握紧
看过长官您带过来的那些伤员……
我意识到，自己的能力还不足以应对真正的战场……
那是我第一次见到那么惨烈的状况……

我想做些什么。
我什么都愿意去做，
只要能够为这场战争出力。
……

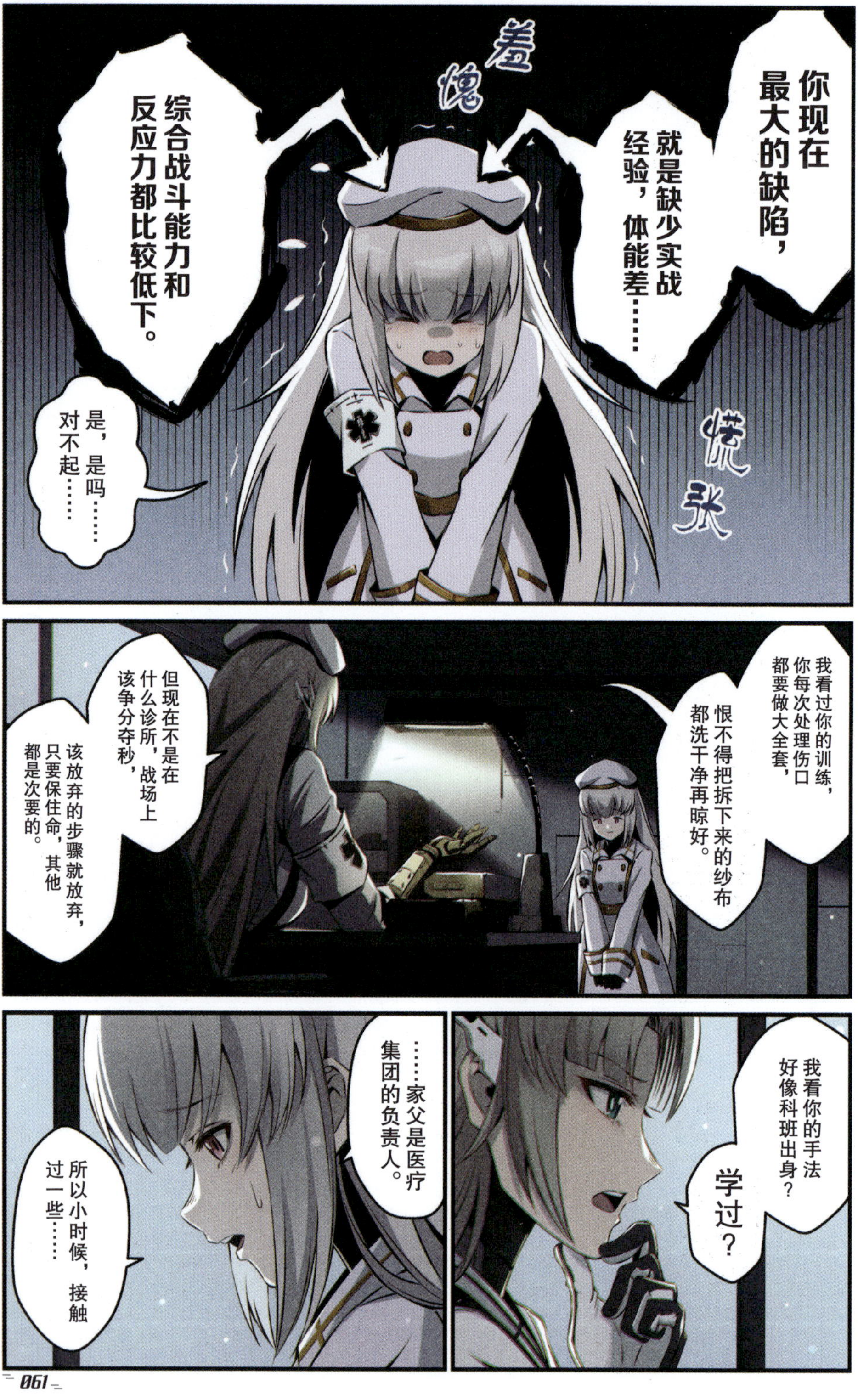
你现在最大的缺陷，
就是缺少实战经验，体能差……
羞愧
综合战斗能力和反应力都比较低下。
慌张
是，是吗……对不起……
我看过你的训练，你每次处理伤口都要做大全套，
恨不得把拆下来的纱布都洗干净再晾好。
但现在不是在什么诊所，战场上该争分夺秒，
该放弃的步骤就放弃，只要保住命，其他都是次要的。
我看你的手法好像科班出身？
学过？
……家父是医疗集团的负责人。
所以小时候，接触过一些……

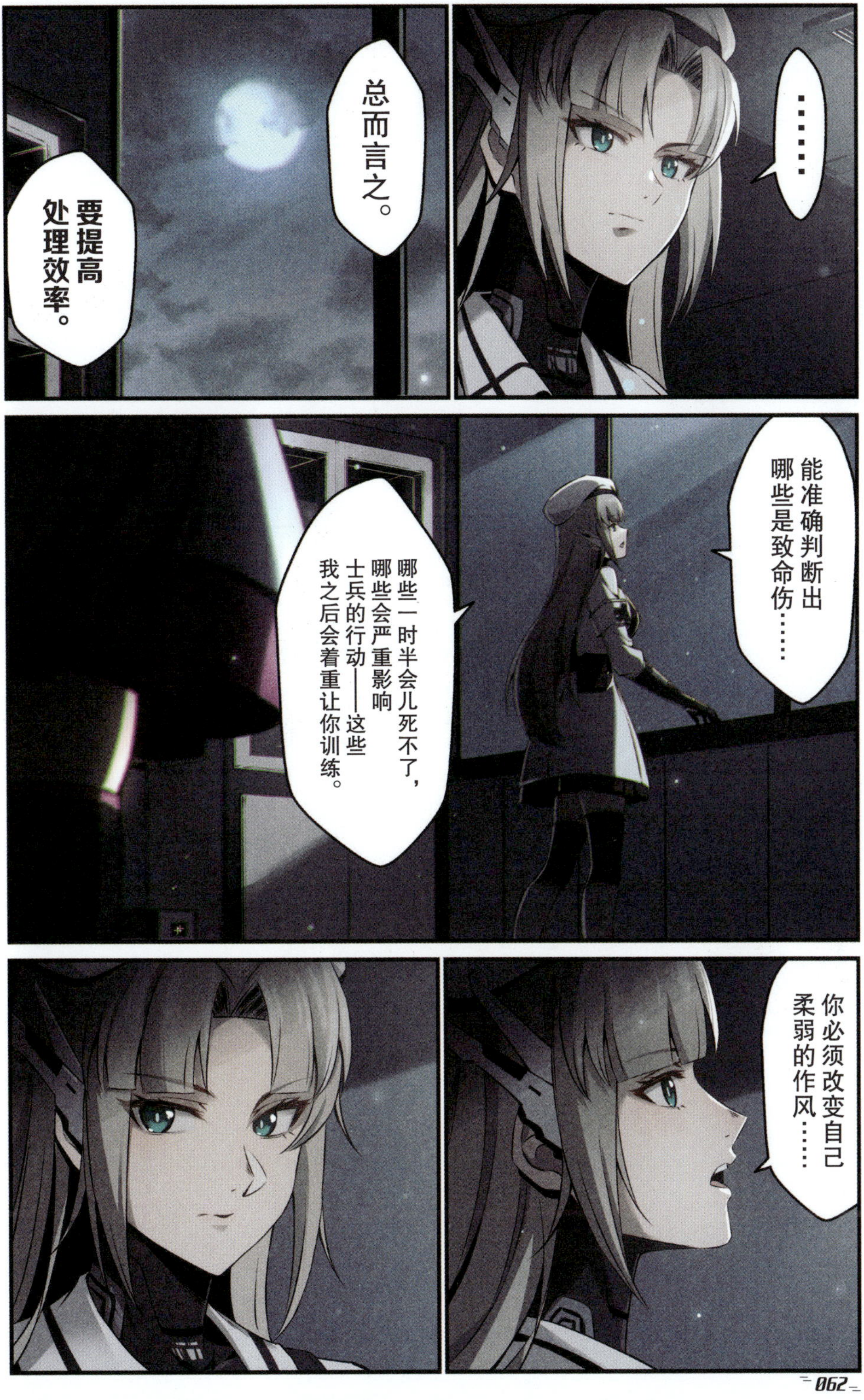
……
总而言之。
要提高处理效率。
能准确判断出哪些是致命伤……
哪些一时半会儿死不了，哪些会严重影响士兵的行动——这些我之后会着重让你训练。
你必须改变自己柔弱的作风……

不要在战场上做出令你后悔的决定。
……
我明白了。

第68号城市
全线撤退。
……放弃当前战区。
重复，地面部队全线撤退，放弃当前战区。
可是……撤退的时间根本不够，还有大量伤员没有被运送回来……
——谁不知道还有人！这次感染体的规模是军团级别！
常规部队留在这里的时间越多，死亡人数就越多！
……唔。

叶列那长官……
……伤员都处理好了吗？
幸运的话，还是能继续参战的。
只是医疗物资有些不够了……上面的补给什么时候到呢？
嗯，都处理好了。另外两位医疗兵的伤况也恢复良好……
没了。
……诶？没，没了？

上头让我们放弃这个据点，天亮前赶紧撤退。
怎么会……
可还有很多士兵，甚至没能撤退到安全防线内……
撤退岂不是要放弃他们……
医疗兵！
……你已经做得很好了。

啪
为什么会这么急……
不可以先等其他士兵撤退吗？我……无法接受！
那都是我们好不容易才在战争中存活下来的同伴……
这些天……我一直很努力地去尽到自己的职责……
我……
……

这样的战争……
真的有意义吗……？
我到底，是不是真的救下了他们……
现在怀疑这一切还为时过早。
这样的疑问，你今后还会产生，甚至令你更加痛苦。

曾经我也无数次问自己，战争有意义吗？
人类会胜利吗？帕弥什可以被战胜吗？
没有人知道答案。
也许这其中，属于人类获胜的那条路……
只有亿万分之一的希望。
——我们……

就只是为了那一点点希望而战斗。
地球上进化出人类的可能性，也是宇宙中的「微乎其微」。
既然人类能抓住这一点点的可能性，那干嘛不相信人类也会抓住战胜帕弥什的那一点可能性？

您……说得对……
起身
哪怕是为了亿万分之一的希望……
我也会继续战斗下去。
……只要能够为这场战争出力，我就满足了。

要是这样，那我倒还有一个方法……
可以快速满足你的愿望。
嗯？什么？
把你自己也换成钢铁做的。

可，可以吗？
当然不可以。
哎……
我可是在家乡的时候就能徒手跟野熊搏斗的女人。
抱歉……
……
捡
医疗兵——
你总是出乎我的意料。
……诶？

能在末日中传递「希望」。
是我在你身上看到的最大的闪光点。

……谢谢您，长官。
能够付出我微小的力量。
帮助到其他人……
……这样就让我很满足了。
……为了全人类的胜利，我什么都愿意去做。
让我再多，再多，再多地做到一些吧……

——妈妈。

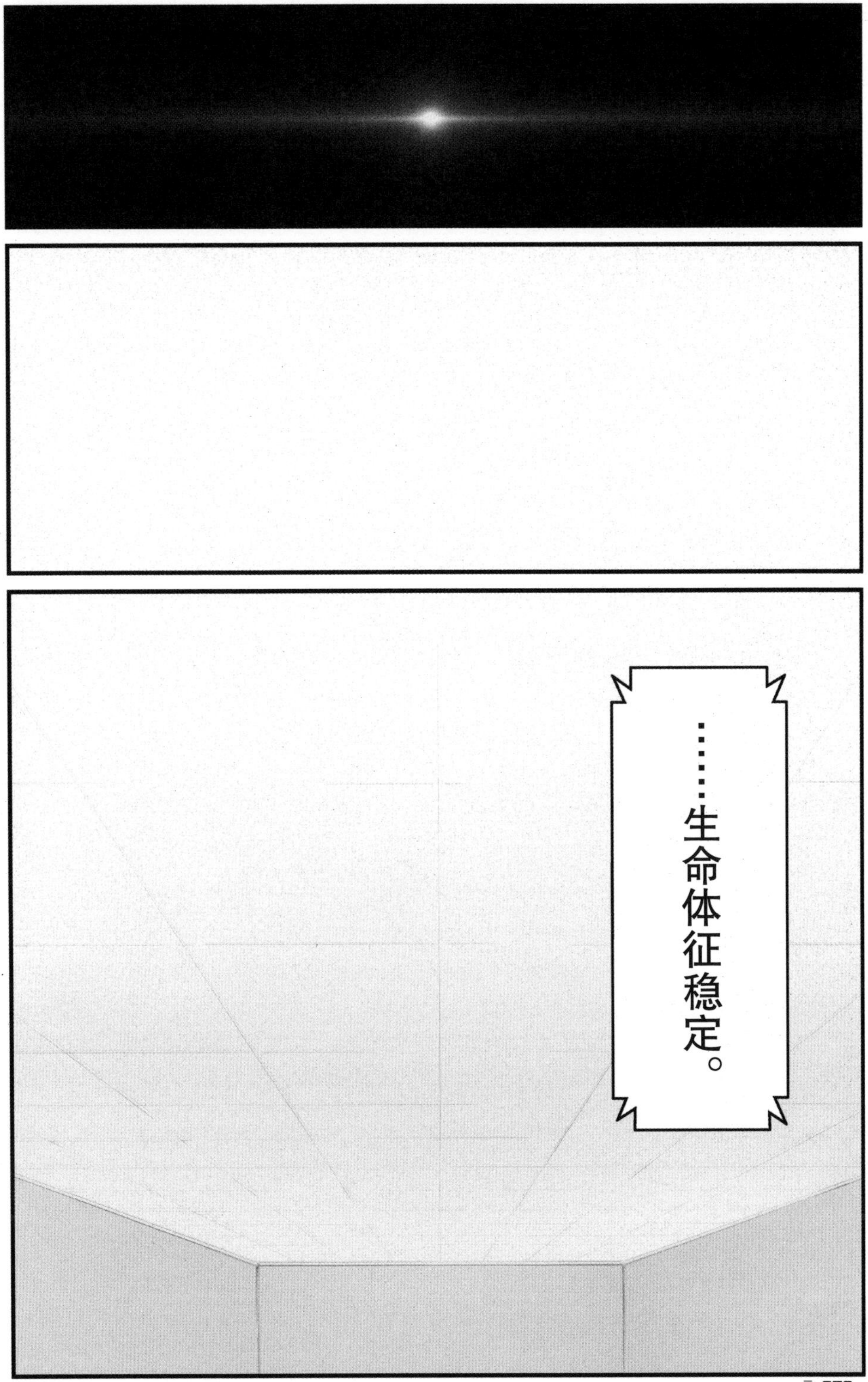
……生命体征稳定。

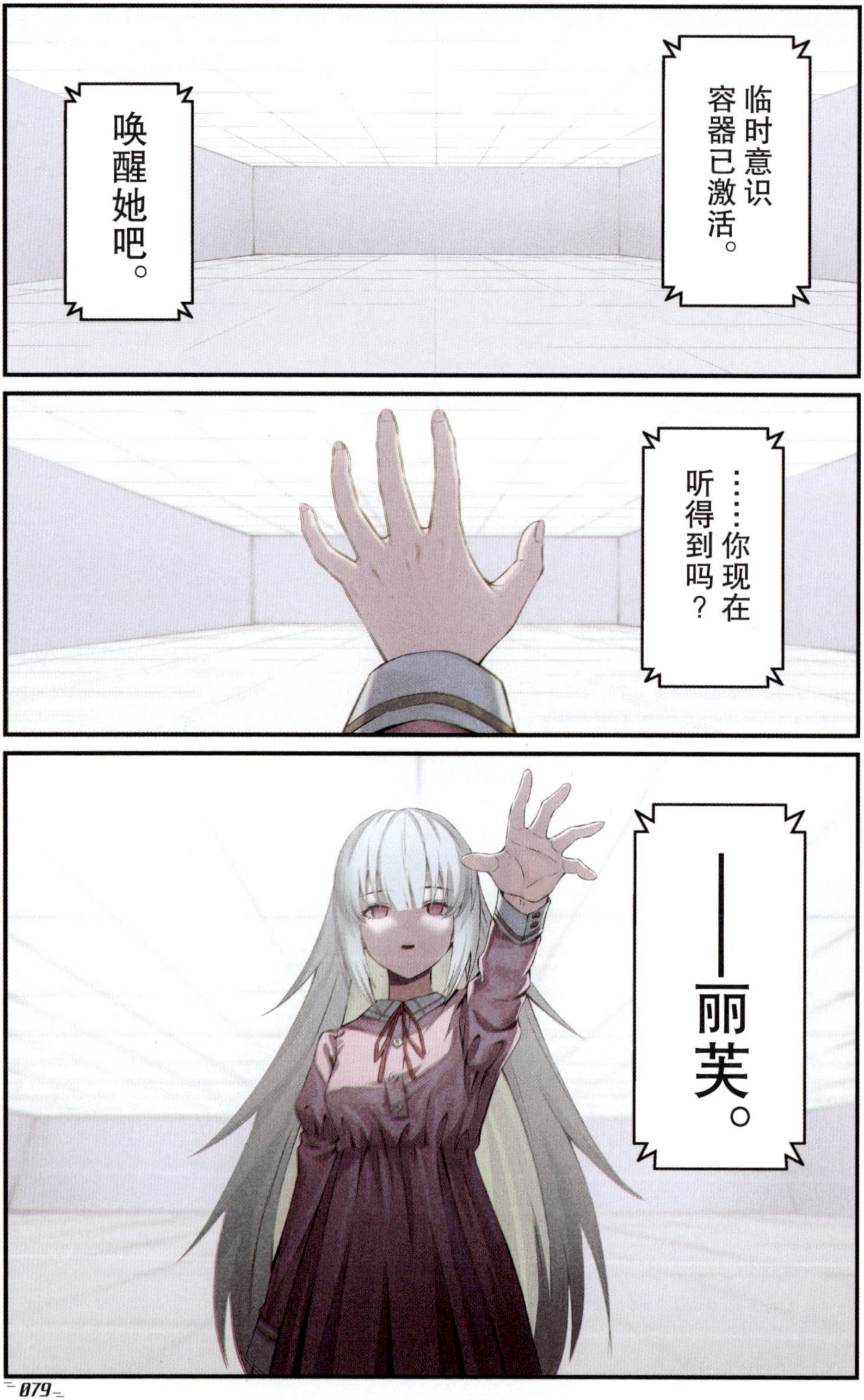
临时意识容器已激活。
唤醒她吧。
……你现在听得到吗？
——丽芙。

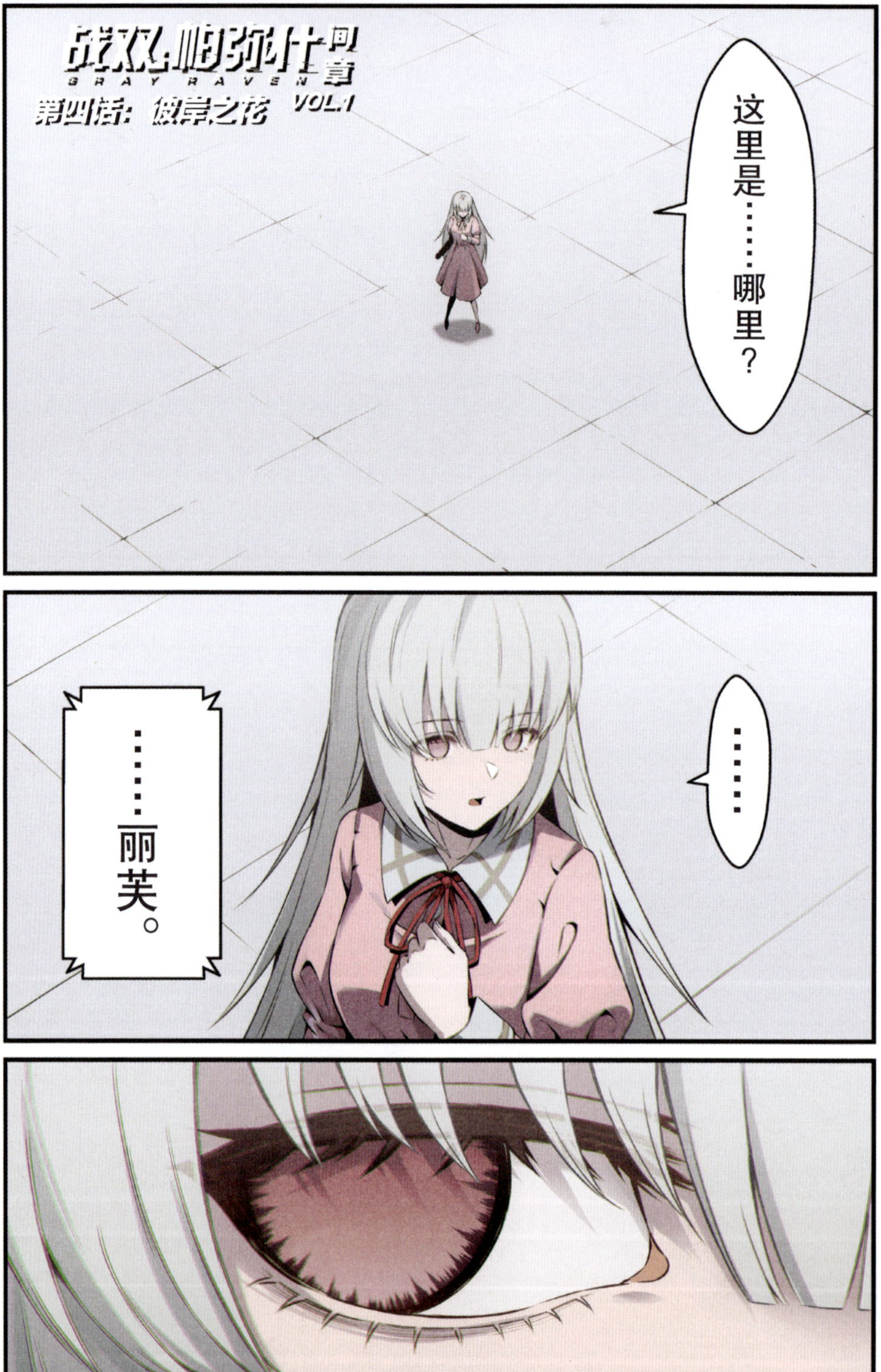
战双帕弥什 间章
GRAY RAVEN
第四话：彼岸之花 VOL.1
这里是……哪里？
……
……丽芙。

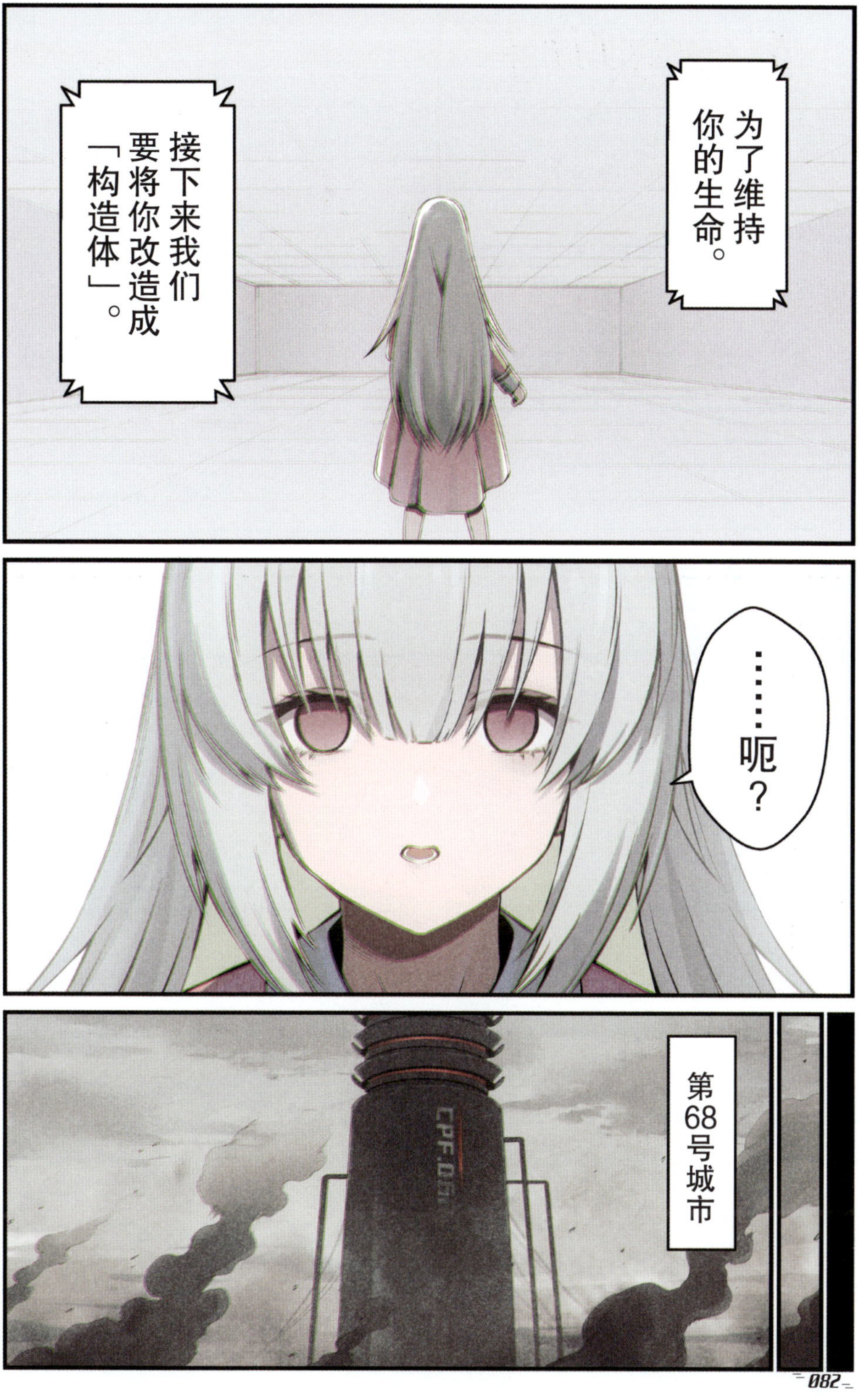
为了维持你的生命。
接下来我们要将你改造成「构造体」。
……呃？
第68号城市
C.P.F.0.6

地面防卫军从68号据点撤离的次日，在军团规模的感染体游荡了一整夜后……
一支构造体小队重新回到被抛弃的战场废墟上。
CPF-060

根据行动申请人叶列那的说辞……
……此行任务，是回收医疗部队在那里遗留的大量急需物资。
嘀嘀嘀
等等……
这块阵地不是已经被放弃了吗？
怎么还有这么多生命信号？

……
嘀
嘀
嘀
抢
给我！
嘀
嘀
嘀
嘀
嘀
嘀
嘀
嘀
嘀
嘀
是这里……
嘀
嘀
嘀
嘀
嘀
嘀
嘀
嘀
扭转

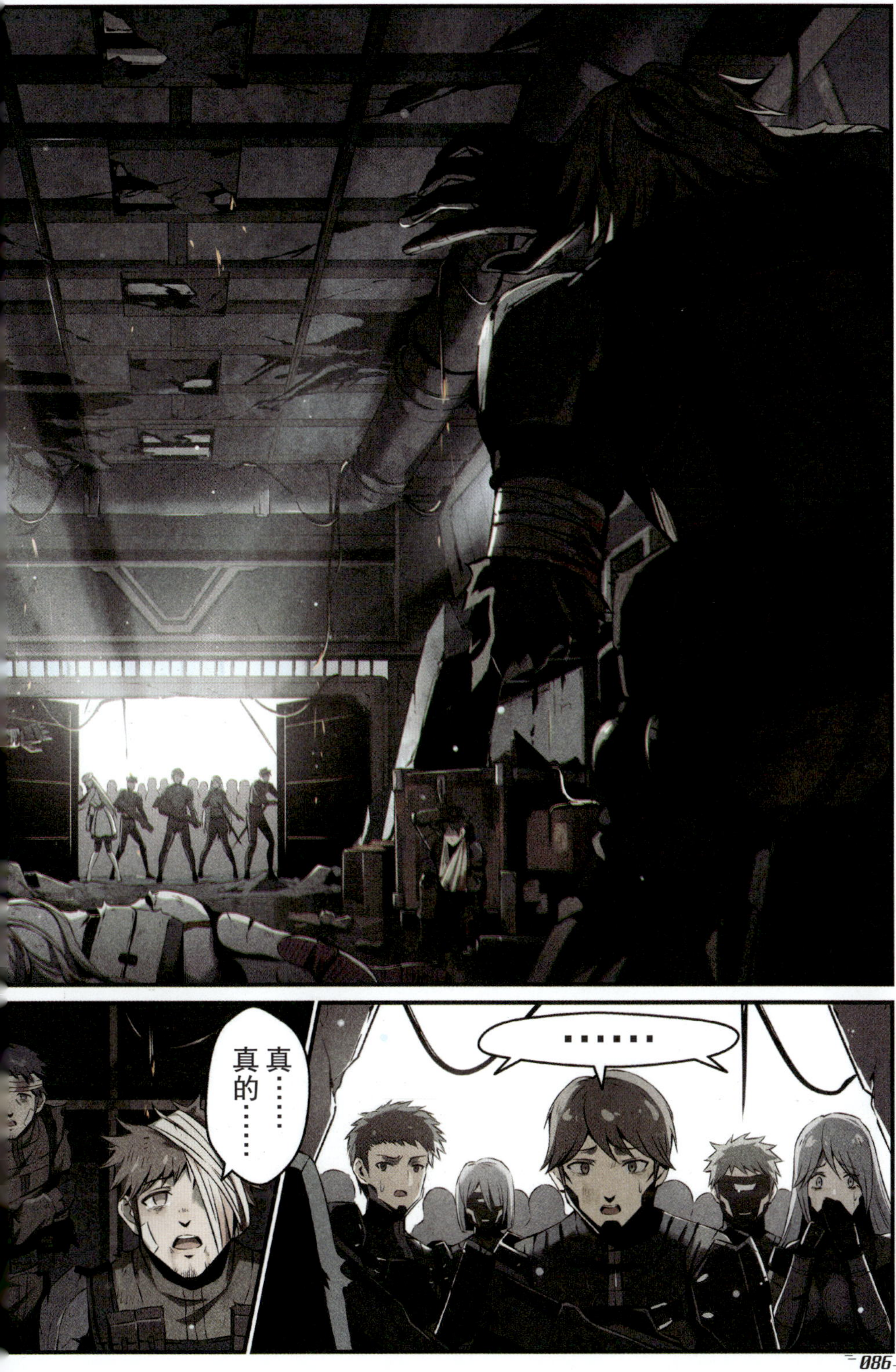
真……真的……
……

有人来了!!
……

快！立刻展开救援！
……报告指挥部，这里发现了35名得到救助的伤员……
以及……
……一位重伤的医疗兵。
请尽快派医疗部队支援。
这些人……都是那位医疗兵救的吗？
……
……先将那些伤情不那么严重，可以移动的伤员搬出去吧。
唉，这个世界，真是残酷。

叶列那……
长官……
是你吗……
长官……
愚蠢的士兵……
你违抗命令拒不撤退，
已经严重违反了军纪。
……

你能来……
真是……

太好了……

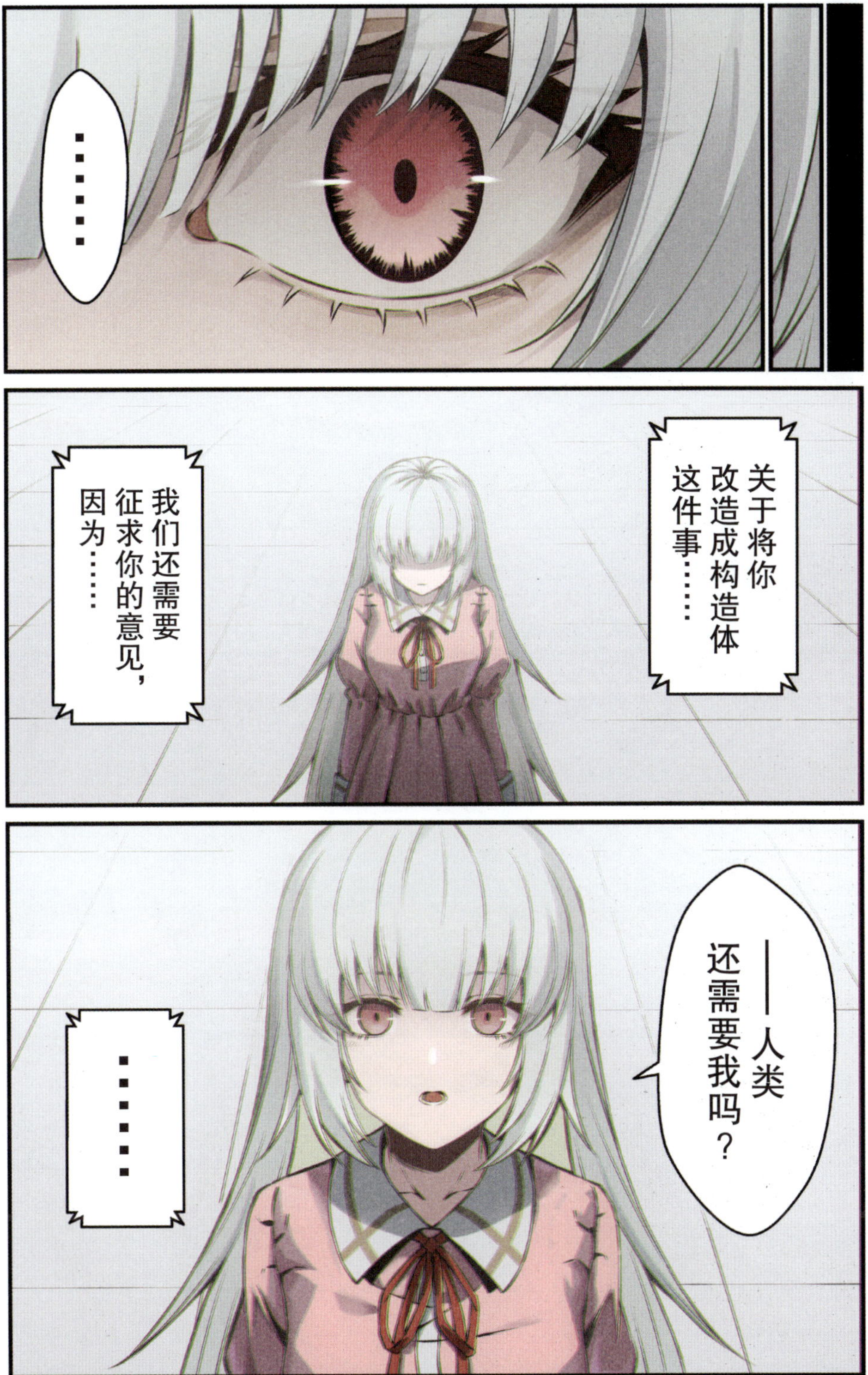
……
关于将你改造成构造体这件事……
我们还需要征求你的意见，因为……
——人类还需要我吗？
……

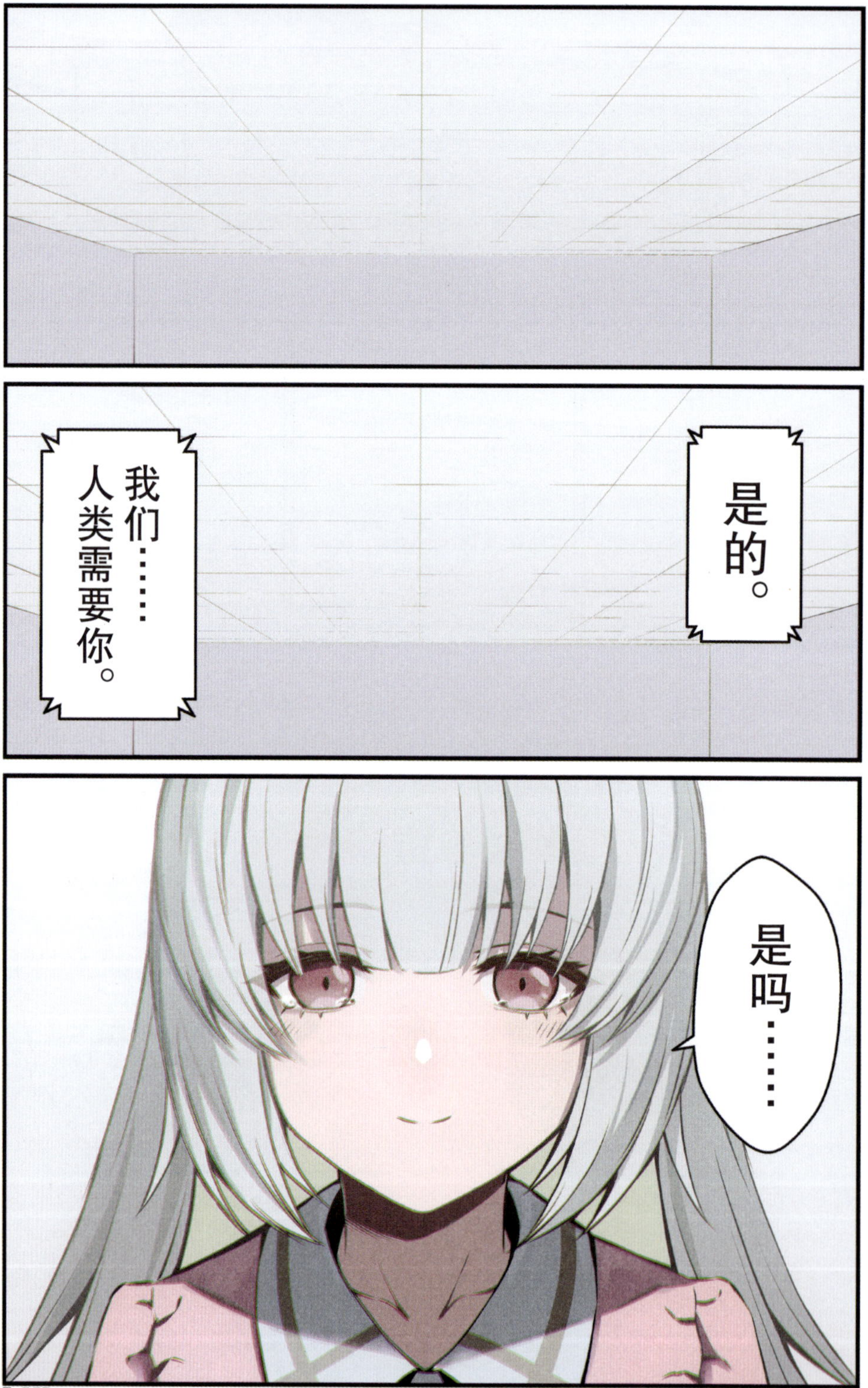
是的。
我们……人类需要你。
是吗……

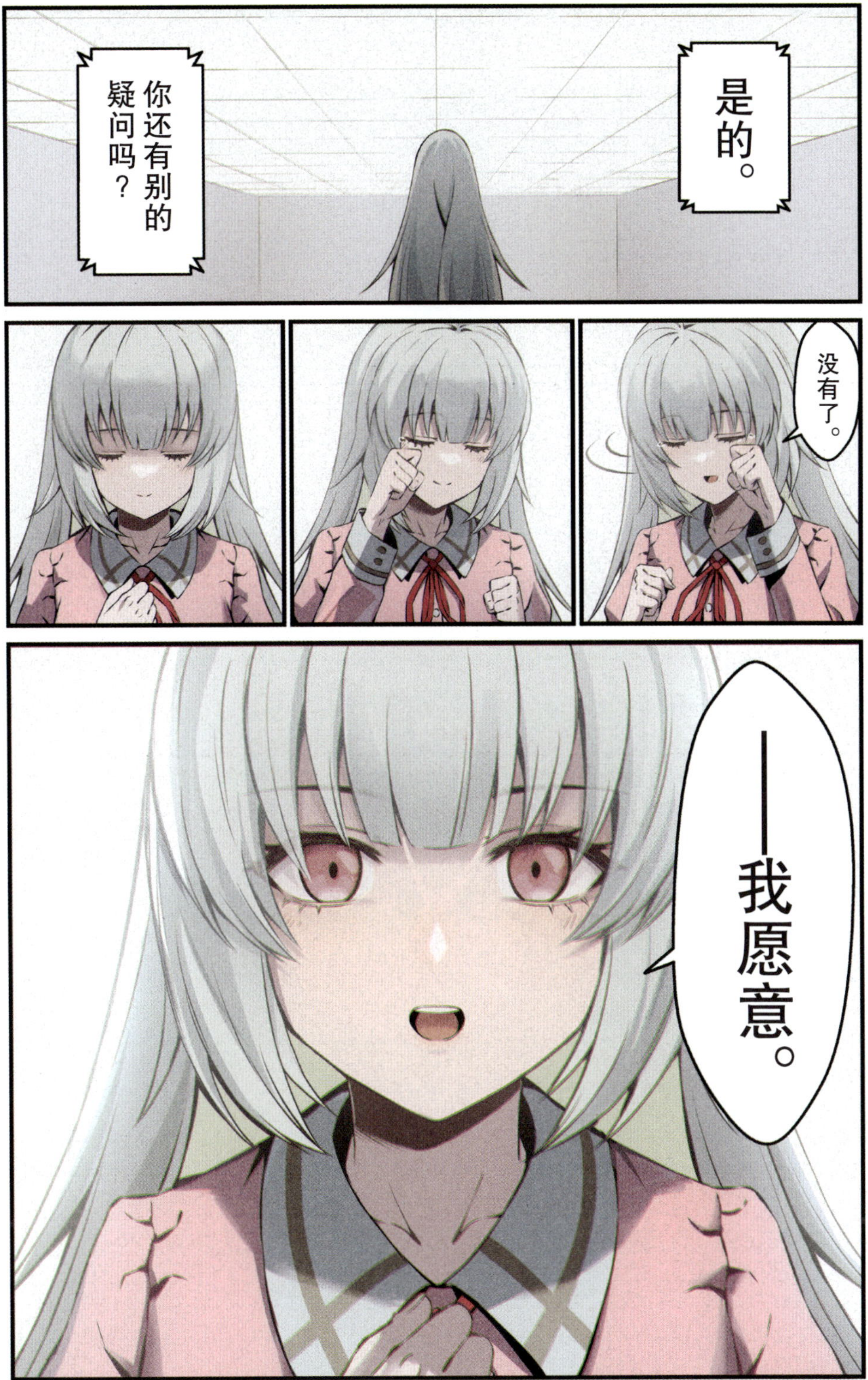

是的。
你还有别的疑问吗？
没有了。
——我愿意。

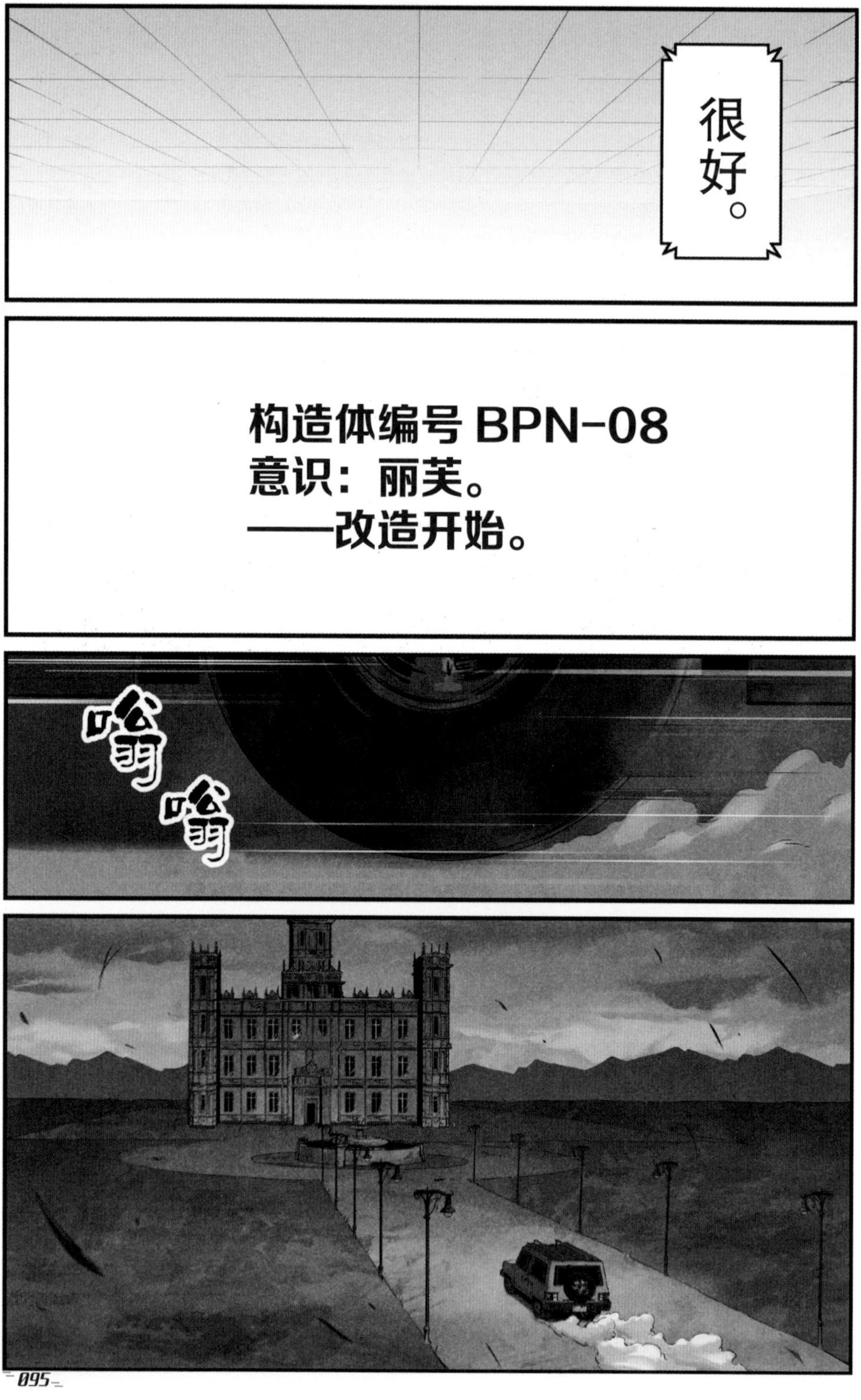
很好。
构造体编号 BPN-08
意识：丽芙。
——改造开始。
嗡
嗡

上一场战役刚结束吧？
这个时候有军队的人上门……
……是丽芙的阵亡通知？
……
……
……

不，您理解错了，先生。
虽然丽芙小姐在上一场战役中身负重伤，曾一度濒临死亡……
濒临死亡……
——但现在已经在康复中了。
……

在这场战役中，丽芙小姐凭一己之力在战场上拯救了数十条生命——
因这功绩，而获得一等军功，现已荣升中尉。
推
这是贵千金的嘉奖令，和她的亲笔信。
……一等功。
？

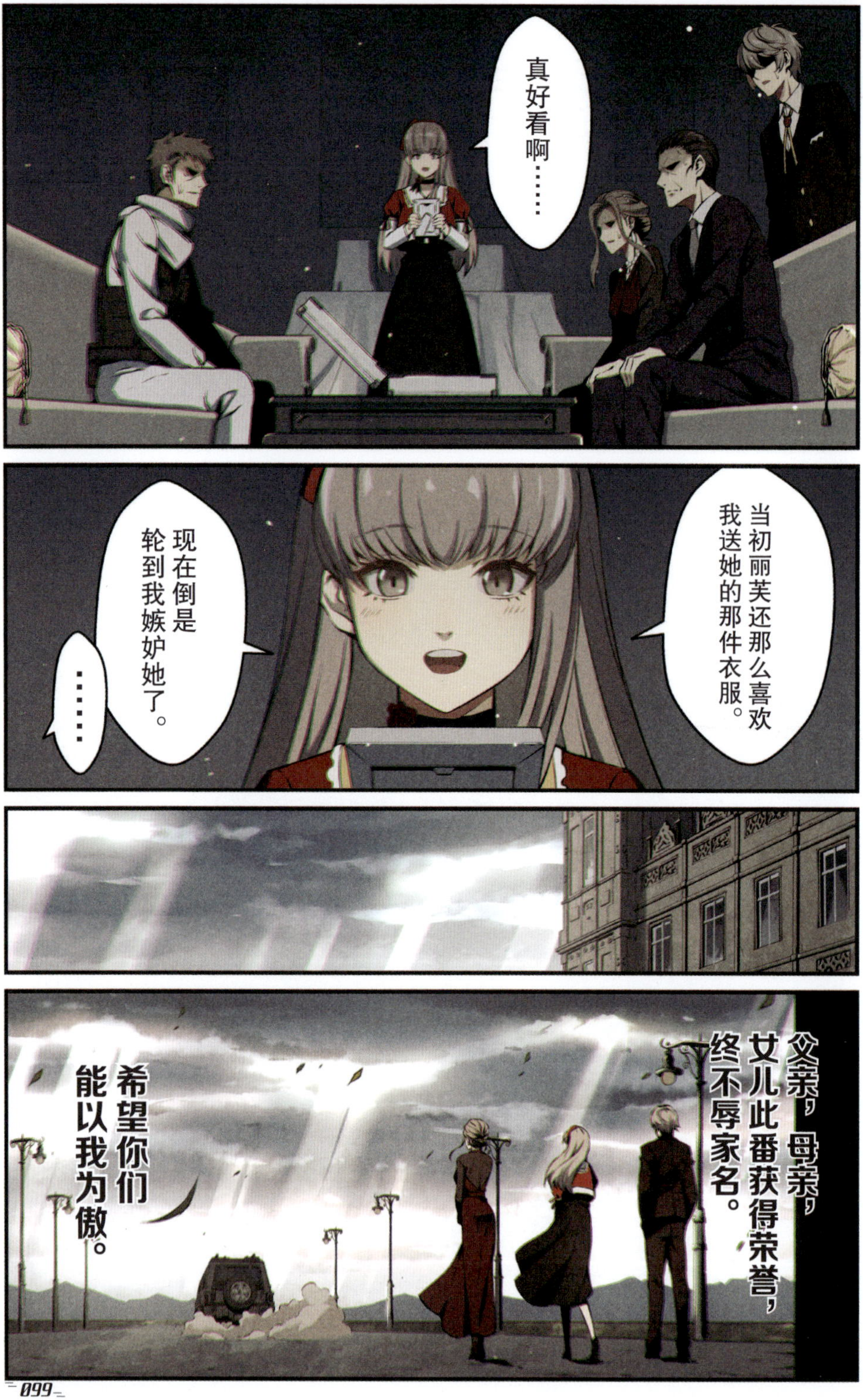
真好看啊……
当初丽芙还那么喜欢我送她的那件衣服。
现在倒是轮到我嫉妒她了。
……
父亲，母亲，女儿此番获得荣誉，终不辱家名。
希望你们能以我为傲。

哥哥，在医疗部队中，我深切感受到了来自医研中心技术支持的重要性。
父亲的工作很伟大，望您能多向父亲学习，再接再厉。
姐姐，谢谢你送给我的礼服，在军队中我没有多少机会能够穿它。
但我会一直把它好好保存在我的衣柜中，作为纪念。
现在的我已经有了新的归宿，无法再回到家里和大家一起生活了。
但在今后的日子里，我会在战场上保护你们，保护大家。

——构造体丽芙，谨上。

抚摸

战双帕弥什 间章
GRAY RAVEN
番外：灰鸦过境 VOL.1
露西亚先别动，我帮你临时补强一下受损结构……
还有三十秒。
好的。

好了！露西亚，你试试看，活动会不会受影响？
……
嗯……
没问题。
指挥官……
接下来我们要怎么做？

立刻准备转移吧。
是。
啧
指挥官！请稍等一下！
附近突然出现几个非常微弱的友方求救信号！

应该是察觉到了我们的存在……
所以才从隐蔽处向我们发送信号。
可是，这一带的战斗已经结束很长时间了……
他们还没有回传自己的意识吗？
可能是有重要的信息需要传达。
啊，他们的信号被感染体发现了！
大量感染体正在向他们移动!!

指挥官，事不宜迟，请下令。
咔嚓
灰鸦小队，准备作战！

收到——